Premiers Textes littéraires

A BLAISDELL BOOK IN THE
MODERN LANGUAGES

Premiers

EDITED BY

Doris-Jeanne Gourévitch
Eva Maria Stadler

*Borough of Manhattan Community College
of the City University of New York*

Textes littéraires

BLAISDELL PUBLISHING COMPANY

A DIVISION OF GINN AND COMPANY

Waltham, Massachusetts · Toronto · London

Illustrated by Dan Nevins

Cover Illustration:
Rue Lafitte, Notre-Dame-de-Lorette,
and the Sacré-Coeur

Designed by Larry Kamp *and* Barbara Liman

Preface

> *Comment apprend-on une langue?*
> *Par les grands auteurs, non autre-*
> *ment. Par les phrases les plus ser-*
> *rées, les plus riches, les plus pro-*
> *fondes et non par les niaiseries*
> *d'un manuel de conversation.*
>
> — ALAIN, Propos sur l'éducation

FOR MANY YEARS teachers have written and spoken about the desirability of using good literary material as an integral part of the process of learning a foreign language. Many of our colleagues, adopting this idea, have produced good readers for use in intermediate and advanced language courses. Yet, first-year students continue to be subjected to fabricated adventures and watered-down texts.

It is our firm belief that college students, at the very earliest level of language learning, will profit from reading authentic literary works of high quality. Even though their linguistic ability may be limited, our students should be presented with material mature enough in content to make the learning of a language an intellectually broadening and stimulating experience. Furthermore, what better way to introduce a student to the French language than by presenting him with the works of major French writers?

Therefore, it has been our aim in composing this reader to give to the beginning student a sampling of French prose and poetry linguistically within his grasp, rich in meaning, and completely unadulterated in form. The book consists of twenty-seven lessons with texts from the seventeenth, eighteenth, nineteenth, and twentieth centuries. We have also attempted to provide a variety of tone and genre in our selections: romantic poetry, the elegant prose of Montesquieu and Voltaire, the satire of Molière, as well as the whimsical poetry of the contemporary Jacques Prévert and the sober prose of Albert Camus in *L'Étranger.*

However, since this book is not intended as a survey of French literature but rather as a solid basis for the study of the French language, we have arranged our texts only in order of progressive difficulty with no regard to chronology or development of genre. Therefore, we have been motivated in our choice of texts by the following factors: (1) the linguistic accessibility of each text for the elementary student; and (2) the intrinsic interest and value of each text chosen.

The exercises accompanying each selection have also been devised with this dual end in view. Although constantly attempting to interest and challenge the student, we have prepared exercises that will teach him to think in French, to express himself in the spoken language, to appreciate the more formal literary language, and finally to learn to express himself in written French.

Accordingly, each lesson has been devised in the following manner. Most lessons begin with an introduction in French, which should help the student relate the literary selection to its author's life and works. These introductions are very brief and have been kept within the linguistic ability of the student. Whenever necessary, they may be supplemented by the teacher. Then follows the text to be read and studied. On the left-hand page facing the literary text a French–French vocabulary is given. Here we have attempted to explain, in context and as simply as possible, the words that might present difficulties to elementary students. Footnotes, also in

French, are used to clarify unusual or difficult grammatical and linguistic constructions. The purpose of both the footnotes and the vocabulary is to enable the student to understand the material he is reading without having to rely on translation. It is our hope that the French–English vocabulary, which appears at the end of the book, will be used only occasionally as a means of verification and reassurance for the student and not as a tool of learning.

The pedagogical value of the French–French vocabulary is developed further in the *Exercices de vocabulaire,* which, with two exceptions, follow each reading text. Here the student is asked to work with the language by giving synonyms and antonyms of chosen words, by finding word derivations, and finally by actually composing sentences using the newly acquired vocabulary.

In the *Questionnaire* the student is asked to apply his linguistic skills in order to answer simple factual questions on the material he has read.

In many lessons such factual questions are followed by *Explications de texte.* Here the student—by now well acquainted with the meaning and linguistic problems of the text—is asked to make a rudimentary analysis of its literary values: themes, fundamentals of style, etc.

Finally, an *Exposé oral* or *Composition écrite* is ordinarily included in each lesson in order to teach the student to express himself in a more extensive and systematic manner.

Most of the lessons appearing in this book have been used in mimeographed form in our first-year classes at Douglass College, Rutgers University. We would like to take this opportunity to thank our Douglass students and colleagues for their many helpful reactions, questions, and suggestions. It is also a pleasure to thank Mr. Jacques Gourévitch, Miss Elisabeth Gourévitch of Paris, and Professor Richard Brooks, Director of La Maison Française of New York University for their help and careful reading of the manuscript. Last, we owe a special debt of gratitude to Miss Catherine Davidovitch, Director of the Language Laboratory at Columbia University, for the many hours she spent reading the manuscript and for the extremely valuable and judicious suggestions she has made to us.

D. J. G.

E. M. S.

ACKNOWLEDGMENTS

The authors gratefully acknowledge permission to reproduce the following:

Claude Roy, "Le Singe," from *Bestiaire pour mon petit garçon*. Reprinted by permission of M. Claude Roy.

Antoine de Saint-Exupéry, *Le Petit Prince*, Chapter XIII, copyright 1943, by Reynal and Hitchcock, Inc. Reprinted by permission of Harcourt, Brace and World, Inc.

And the following selections, all reproduced by permission of Éditions Gallimard:

Guillaume Apollinaire, "Le Pont Mirabeau" and "Automne malade," from *Alcools*, Librairie Gallimard, 1913.

Albert Camus, *L'Étranger*, Chapter I, Librairie Gallimard, 1942.

Jacques Prévert, "Le Dromadaire mécontent," from *Contes pour enfants pas sages*, Librairie Gallimard.

Jacques Prévert, "L'Accent grave" and "Chanson des escargots qui vont à l'enterrement," from *Paroles*, Librairie Gallimard, 1946.

Table des matières

Le Singe

CLAUDE ROY (1915–   )

CLAUDE ROY, *critique littéraire, essayiste et poète contemporain, est né à Paris, en 1915. Dans ses poèmes simples et humains, nous remarquons un sens subtil de l'humour.* «*Le Singe*» *fait partie du recueil* Bestiaire pour mon petit garçon.

1 **le singe**   un animal qui ressemble un peu à l'homme
2 **sans**   *antonyme*: avec
2 **la cravate**   ce que les hommes portent autour du cou
3 **la chaussure**   ce que les hommes portent au pied
3 **la varice**   une dilatation permanente d'une veine
5 **la patte**   la jambe et le pied d'un animal

Le Singe

LE SINGE descend de l'homme.
C'est un homme sans cravate,
sans chaussures, sans varices,
sans polices,[1] sans malice,
sorte d'homme à quatre pattes 5
qui n'a pas mangé[2] de pomme.

CLAUDE ROY

Exercice de vocabulaire

Faites des phrases avec les expressions suivantes. Traduisez vos phrases en anglais:

1. sans chaussures   2. sans malice   3. à quatre pattes

Questionnaire

Répondez en français aux questions suivantes:

    1. Qu'est-ce qu'un singe?
    2. De qui le singe descend-il, d'après le poète?
    3. Le singe ressemble-t-il à l'homme?
    4. Qu'est-ce que le singe n'a pas?

[1] **polices** *En général le mot* **police** *est employé au singulier.*
[2] **qui n'a pas mangé** *passé composé (forme négative) du verbe* **manger**

3

5. Combien de pattes le singe a-t-il?
6. L'homme est-il un animal à quatre pattes?
7. Comment appelle-t-on *les pattes* d'un homme?
8. Combien de jambes l'homme a-t-il?
9. D'après la Bible, qui a mangé la pomme?
10. D'après Claude Roy, en quoi le singe diffère-t-il de l'homme?

Vocabulaire supplémentaire

Voici d'autres animaux à quatre pattes:

le chien	l'éléphant	le rat
le chat	le zèbre	le léopard
le lion	l'hippopotame	le crocodile
le tigre	la girafe	le kangourou

1. Quel est l'animal le plus grand?
2. Quel est l'animal le plus petit?
3. Quel est l'animal le plus beau?
4. Quels animaux sont domestiques?
5. Quels animaux sont sauvages?
6. Peut-on domestiquer un lion ou un tigre?
7. Y a-t-il des chats sauvages?
8. Nommez les animaux que vous pouvez trouver dans un cirque.
9. Nommez les animaux que vous pouvez trouver dans une maison.
10. Quel animal est considéré comme l'ami de l'homme?

Composition écrite

Composez un poème en commençant par le vers suivant:

L'homme descend du singe

Récitation

Apprenez le poème de Claude Roy par coeur.

L'Accent grave

JACQUES PRÉVERT (1900-   )

JACQUES PRÉVERT ~~*a été influencé par le mouvement sur-réaliste*~~. *Dans ses poèmes, il traite de manière inattendue et souvent fantaisiste des situations de tous les jours. L'anti-conformisme est un thème fréquent chez lui. Le recueil* Paroles, *où se trouve «L'Accent grave», a été publié en 1946.*

sur-réaliste - superior to everyday reality

critique - les idées du professeur = l'établissement la société

C'est inflexible il ne peux pas accepter le changement - le sur-réalisme qui Hamlet

ne pas before inj.

DEUXIÈME LEÇON

L'Accent grave

indique la différence entre les deux mondes: où et ou   Hamlet est sur-réalité

LE PROFESSEUR

Élève Hamlet!

L'ÉLÈVE HAMLET
(sursautant)[1]   *jump up*

... Hein ... Quoi ... Pardon ... Qu'est-ce qui se passe[2]...   5
Qu'est-ce qu'il y a ... Qu'est-ce que c'est?.

LE PROFESSEUR
(mécontent)   *disatisfied*

Vous ne pouvez pas répondre « présent » comme tout le
    monde?   10
Pas possible, vous êtes encore dans les nuages.   *cloud*

L'ÉLÈVE HAMLET

Être ou ne pas être dans les nuages!

LE PROFESSEUR

Ça Suffit. Pas tant de manières. Et conjuguez-moi le verbe   15
    être,
comme tout le monde, c'est tout ce que je vous demande.

---

[1] **sursautant**   *participe présent du verbe* **sursauter**
[2] **Qu'est-ce qui se passe**   qu'est-ce qui arrive

7

17 dans le fond en réalité

L'ÉLÈVE HAMLET

To be ...

LE PROFESSEUR

En français, s'il vous plaît, comme tout le monde.

L'ÉLÈVE HAMLET   5

Bien, monsieur. *(Il conjugue:)*
Je suis ou je ne suis pas
Tu es ou tu n'es pas
Il est ou il n'est pas
Nous sommes ou nous ne sommes pas ...   10

LE PROFESSEUR
(excessivement mécontent)
Mais c'est vous qui n'y êtes pas,[3] mon pauvre ami!

L'ÉLÈVE HAMLET

C'est exact, monsieur le professeur,   15
Je suis « où[4] » je ne suis pas
Et, dans le fond, hein, à la réflexion,
Être « où » ne pas être
C'est peut-être aussi la question.

JACQUES PRÉVERT

Exercices de vocabulaire

A. *Composez des phrases avec les expressions ou les mots suivants. Traduisez vos phrases en anglais:*

1. encore
2. tout le monde
3. tant de
4. s'il vous plaît
5. en français
6. dans le fond
7. à la réflexion
8. peut-être
9. mécontent
10. sursauter

[3] **vous ... n'y êtes pas** *(fam.)* vous ne comprenez pas
[4] *Remarquez la différence entre* **où** *et* **ou**: (a) **Où** allez-vous? (b) Donnez-moi une pomme **ou** une banane.

B. *Dans les phrases suivantes, remplacez les tirets par le mot convenable (où / ou):*

1. Où sont les élèves?
2. Je sais où vous êtes.
3. Qui parle? Le professeur ou l'élève?
4. Où allez-vous cet après-midi?
5. Allez-vous à Paris ou à Marseille?

Questionnaire

1. Comment l'élève s'appelle-t-il? Pourquoi?
2. Que dit Hamlet en sursautant?
3. Pourquoi Hamlet ne répond-il pas « présent » comme tout le monde?
4. Pourquoi le professeur est-il mécontent?
5. Quel verbe est-ce que tout le monde conjugue?
6. En quelle langue Hamlet commence-t-il à conjuguer le verbe *être*?
7. Quelle est la réaction du professeur?
8. Comment Hamlet conjugue-t-il le verbe *être* en français?
9. Pourquoi le professeur dit-il à Hamlet:

   ... c'est vous qui n'y êtes pas, mon pauvre ami!

10. Pourquoi ce poème est-il intitulé « L'Accent grave »?

Exposé oral

Imaginez une conversation entre le professeur et un élève qui n'est pas dans les nuages.

Le Miroir

CHARLES BAUDELAIRE (1821–1867)

CHARLES BAUDELAIRE, *né et mort à Paris, a profondément influencé la littérature moderne. Dans son volume de vers,* Les Fleurs du mal, *ainsi que dans ses poèmes en prose et ses oeuvres de critique, Baudelaire révèle une sensibilité profonde. Poète de la vie intérieure, il exprime l'angoisse de l'homme moderne. Poète de Paris, Baudelaire peint l'âme de la ville et de ses habitants.* « Le Miroir » *fait partie du recueil de poèmes en prose intitulé* Le Spleen de Paris.

bitter / unhappiness

concept change fr. ancient to mod. lit. exterior to interior interest

1 **épouvantable** horrible
1 **la glace** le miroir
3 **ne ... que** seulement
4 **d'après** suivant según
6 **le droit** ce qu'une personne peut faire légalement
6 **donc** par conséquent
6 **se mirer** se regarder dans un miroir
9 **la loi** une règle obligatoire ou nécessaire
9 **avoir tort** ne pas avoir raison

la loi – not always define right action in particular instances

TROISIÈME LEÇON

Le Miroir

UN HOMME épouvantable entre et se regarde dans la glace.

« Pourquoi vous regardez-vous au miroir, puisque vous ne pouvez vous y voir qu'avec déplaisir? »

L'homme épouvantable me répond: « Monsieur, d'après les immortels principes de 89,[1] tous les hommes sont égaux 5 en droits; donc je possède le droit de me mirer; avec plaisir ou déplaisir, cela ne regarde[2] que ma conscience. »

Au nom du bon sens, j'avais sans doute raison; mais, au point de vue de la loi, il n'avait pas tort.

CHARLES BAUDELAIRE

Exercices de vocabulaire

A. *Trouvez les antonymes des expressions ou des mots suivants:*
1. le plaisir 2. avoir raison 3. mortel 4. inégal 5. sortir

B. *Faites des phrases avec les expressions suivantes. Traduisez vos phrases en anglais:*

1. se regarder   4. au nom de   7. au point de vue de
2. d'après   5. le bon sens   8. avoir tort
3. avec plaisir   6. sans doute

[1] les immortels principes de 89 *La Déclaration des droits de l'homme, prononcée au début de la Révolution française de 1789*
[2] regarde concerne

13

Questionnaire

1. Qui entre et que fait-il?
2. Pourquoi le narrateur est-il surpris que l'homme épouvantable se regarde dans la glace?
3. D'après quelle Déclaration est-ce que tous les hommes sont égaux en droit?
4. Quelle est la signification de la date 89?
5. Pourquoi les principes de 89 sont-ils immortels?
6. Quel droit l'homme épouvantable possède-t-il?
7. Est-ce que cela regarde le narrateur?
8. Quelle distinction l'auteur fait-il à la fin du poème en prose?
9. D'après vous, qui a raison? Le narrateur ou l'homme épouvantable?
10. Pourquoi ce morceau est-il intitulé « Le Miroir »?

Sujets de conversation

1. Tous les hommes sont égaux en droits.
2. La différence entre l'intelligence et le bon sens.
3. La différence entre la loi et le bon sens.

Le Pont Mirabeau

GUILLAUME APOLLINAIRE (1880–1918)

Modern lit.

GUILLAUME APOLLINAIRE, *né à Rome en 1880, est mort à Paris en 1918. Poète et critique d'art, il était l'ami des peintres Braque et Picasso et a été un des premiers à populariser la peinture cubiste. Le vers libre et la simplicité directe des sentiments caractérisent la poésie d'Apollinaire. « Le Pont Mirabeau », publié en 1913 dans le recueil* Alcools, *est un de ses plus beaux poèmes d'amour. La fluidité du rythme, le manque de ponctuation et la répétition du refrain donnent un mouvement moderne à l'éternelle plainte de l'amant devant le passage rapide du temps.*

a l'aire assez simple — mais qu'est-ce qu'y a la ligne qu'on peint pour donner l'apparence réel ?

La rivière coule à la flueve que coule a l'océan

1 **couler**   passer
3 **se souvenir de**   garder dans la mémoire
4 **la peine**   la souffrance
6 **s'en aller**   partir
8 **tandis que**   pendant le temps que
10 **le regard**   la manière de regarder
10 **l'onde** (*f.*)   l'eau
10 **las(se)**   fatigué(e)

répétition des refrains—
coulement de temps
et le poète ne coule pas
Eux vont   je demeure
le poète est en opposition

Le Pont Mirabeau

Sous le pont Mirabeau[1] coule la Seine
 Et nos amours
 Faut[2]-il qu'il m'en souvienne[3]
La joie venait toujours après la peine

 Vienne[4] la nuit sonne l'heure
 Les jours s'en vont[5] je demeure

Les mains dans les mains restons face à face
 Tandis que sous
 Le pont de nos bras passe
Des éternels regards l'onde si lasse   10

 Vienne la nuit sonne l'heure
 Les jours s'en vont je demeure

L'amour s'en va comme cette eau courante[6]
 L'amour s'en va

---

[1] le pont Mirabeau *un pont de Paris*
[2] Faut *du verbe* falloir
[3] qu'il m'en souvienne que je m'en souvienne (*présent du subjonctif du verbe* se souvenir)
[4] Vienne ... sonne *présent du subjonctif des verbes* venir *et* sonner *employé comme impératif*
[5] s'en vont *du verbe* s'en aller
[6] cette eau courante cette eau en mouvement

1 **lent(e)**   *antonyme:* rapide
2 **l'espérance**   l'attente de ce qu'on désire

Comme[7] la vie est lente
Et comme[7] l'espérance est violente

Vienne la nuit sonne l'heure
Les jours s'en vont je demeure

Passent les jours et passent les semaines   5
   Ni temps passé
   Ni les amours reviennent
Sous le pont Mirabeau coule la Seine

Vienne la nuit sonne l'heure
Les jours s'en vont je demeure   10

                      GUILLAUME APOLLINAIRE

Exercices de vocabulaire

A. *Trouvez les antonymes des mots suivants:*
1. la tristesse   2. rapide   3. le bonheur   4. demeurer

B. *Trouvez un mot de la même famille que chacun des mots suivants:*
1. l'amour   2. passer   3. regarder   4. courir   5. lent

Questionnaire

1. Dans quelle ville se trouve le pont Mirabeau?
2. Quel fleuve coule sous ce pont?
3. Quelle idée Apollinaire exprime-t-il dans le vers suivant:

      Les jours s'en vont je demeure

4. Qui est avec le poète?
5. Dans la deuxième strophe, à quoi le poète compare-t-il les bras des deux amoureux?

[7] **Comme** combien

6. À quoi le poète compare-t-il leurs regards?
7. Pourquoi compare-t-il l'amour à l'eau qui coule?
8. Qu'est-ce qui passe et qu'est-ce qui reste dans la vie?
9. Quel est le thème principal de ce poème?
10. Pourquoi le poème est-il intitulé « Le Pont Mirabeau »?

Versification

1. Comptez le nombre de syllabes dans chaque vers.*
2. Est-ce que le rythme est régulier ou irrégulier?
3. Quel est l'effet produit par le refrain dans ce poème?
4. Pourquoi pensez-vous qu'il n'y a pas de ponctuation dans « Le Pont Mirabeau »?
5. À quoi peut-on comparer le mouvement de ce poème?

Exposé oral

Résumez en prose le poème « Le Pont Mirabeau », et expliquez pourquoi le sujet, si banal en prose, est si beau en poésie.

---

* En poésie on compte chaque syllabe prononcée. L'*e* muet compte pour une syllabe à l'intérieur du vers et se prononce devant une consonne prononcée. L'*e* muet ne se prononce jamais à la fin du vers.

1	2	3	4	5	6	7	8	9	10
Sous /	le /	pont /	Mi /	ra /	beau /	cou /	le /	la /	Seine

Mon Rêve familier

PAUL VERLAINE (1844–1896)

LA POÉSIE lyrique de Paul Verlaine est le reflet d'une vie solitaire, inquiète et tourmentée. Dans ses poèmes délicats et mélancoliques il peint l'amour et les émotions fugitives. Son art consiste à suggérer plutôt qu'à expliquer. Les sons, le rythme et le mouvement de ses vers font penser à la musique. Dans son Art poétique, credo des jeunes poètes de sa génération, Verlaine a écrit: «De la musique avant toute chose.»

le refrain - une
... par- une
la strophe - verse

1 **le rêve**   ce qu'on voit quand on dort
1 **étrange**   pas usuel, peu commun
2 **inconnu(e)**   pas connu
2 **que**   *(pronom relatif, objet direct)*
2 **qui**   *(pronom relatif, sujet)*
3 **chaque fois**   toutes les fois
3 **tout à fait**   entièrement
5 **car**   parce que
⑦ **la moiteur**   une légère humidité
7 **le front**   la partie supérieure du visage, entre les yeux et les
   cheveux
7 **blême**   pâle
8 **rafraîchir**   rendre frais
9 **roux (rousse)**   quelque chose d'une couleur entre le jaune et le
   rouge; une personne qui a les cheveux roux
10 **sonore**   *ici:* musical, mélodieux
11 **l'aimé(e)**   la personne qu'on aime
12 **le regard**   la manière de regarder
12 **pareil(le)**   semblable à, similaire
13 **la voix**   les sons qui sortent de la bouche
13 **lointain(e)**   à une grande distance
14 **cher (chère)**   bien aimé
14 **se taire**   ne pas parler, ne plus parler

Mon Rêve familier

J E FAIS souvent ce rêve étrange et pénétrant
D'une femme inconnue, et que j'aime, et qui m'aime,
Et qui n'est, chaque fois, ni tout à fait la même
Ni tout à fait une autre, et m'aime et me comprend.

Car elle me comprend, et mon cœur, transparent   5
Pour elle seule, hélas! cesse d'être un problème
Pour elle seule, et les moiteurs de mon front blême,
Elle seule les sait rafraîchir, en pleurant.

Est-elle brune, blonde ou rousse? — Je l'ignore.
Son nom? Je me souviens qu'il est doux et sonore
Comme ceux des aimés que la Vie exila.[1]   10

Son regard est pareil au regard des statues,
Et, pour sa voix lointaine, et calme, et grave, elle a
L'inflexion des voix chères qui se sont tues.[2]

PAUL VERLAINE

Exercices de vocabulaire

A. *Faites des phrases avec les expressions ou les mots suivants.*
Traduisez vos phrases en anglais:

[1] **exila** *passé simple du verbe* **exiler**
[2] **qui se sont tues** *du verbe* **se taire**

23

1. le rêve	3. car	5. pareil
2. tout à fait	4. brune, blonde, rousse	6. lointain

B. *Dans le poème trouvez l'antonyme des expressions ou des mots suivants:*

1. connue   2. en riant   3. tout près   4. excitée

C. *Dans le poème trouvez le synonyme des expressions ou des mots suivants:*

1. pâle *blême*   3. semblable *pareil*   5. entièrement *tout à fait*
2. je me rappelle   4. extraordinaire   6. tranquille *calme*
   je me souviens   *étrange*

Questionnaire

1. Quelle sorte de rêve Verlaine fait-il?
2. De qui rêve-t-il?
3. Aime-t-il la femme de ses rêves?
4. Est-ce qu'elle l'aime?
5. Est-ce qu'elle le comprend?
6. Verlaine sait-il de quelle couleur sont les cheveux de la bien-aimée?
7. Connaît-il son nom?
8. Comment est son regard?
9. Comment est sa voix?
10. Croyez-vous qu'elle existe vraiment?

Explication de texte

1. Quel est le thème principal de ce poème?
2. Quelle est la forme du poème?
3. Combien de syllabes y a-t-il dans chaque vers?
4. Le vocabulaire du poème est-il concret ou abstrait?
5. Y a-t-il des mots qui se répètent? Où?
6. Quel est l'effet de ces répétitions?

Composition écrite

Verlaine décrit la femme de ses rêves à un ami.

actions are inspired by selfishness.
pessimistic

Portrait du
duc de La Rochefoucauld

(fait par lui-même)

LA ROCHEFOUCAULD (1613–1680)

first made memoirs popular

FRANÇOIS, *prince de Marsillac et duc de La Rochefoucauld, appartient à l'une des plus nobles familles françaises. La première partie de sa vie est dominée par l'action militaire et l'intrigue politique. Blessé à la guerre, déçu dans ses ambitions, il se retire de la vie mondaine en 1652 et se consacre à la réflexion morale. Selon ses Maximes célèbres, « les vertus se perdent dans l'intérêt comme les fleuves dans la mer ». Cette morale amère et clairvoyante, ce style concis et net, caractérisent l'homme dont vous allez lire le portrait.*

to wound — disappointed
social
get lost
bitter — clear sighted
honest
de qui
pessimistic

l'intérêt – doing something for own good

actions of man are inspired by selfishness.

maximes- une frase courte qui decri se qui passe dans le monde - deja passé
proverbe- donner les conseils — si va a passer

25

1 **la taille** la grandeur
2 **le teint** le coloris du visage (de la face)
2 **uni(e)** d'une seule couleur, sans inégalité
2 **élevé(e)** haut
③ **enfoncé(e)** profondément entré
4 **épais(se)** dense
⑤ **camus(e)** court et plat (le nez)
6 **gros(se)** qui dépasse le volume ordinaire
9 **taillé(e)** formé
10 **rangé(e)** mis en ordre
11 **autrefois** dans le passé
13 **le tour** le contour
⑭ **carré(e)** en forme d'un rectangle à quatre côtés égaux square

SIXIÈME LEÇON

Portrait du duc de La Rochefoucauld
(fait par lui-même)

JE SUIS d'une taille médiocre,[1] et bien proportionnée. J'ai [1]
le teint brun mais assez uni; le front élevé et d'une raison-[2]
nable grandeur; les yeux noirs, petits et enfoncés, et les sour-[3]
cils noirs et épais, mais bien tournés. Je serais fort empêché[2]
de dire de quelle sorte[3] j'ai le nez fait, car il n'est ni camus, [5]
ni aquilin, ni gros, ni pointu, au moins à ce que je crois. Tout [6]
ce que je sais, c'est qu'il est plutôt grand que petit, et qu'il [7]
descend un peu trop en bas. J'ai la bouche grande, et les [8]
lèvres assez rouges d'ordinaire, et ni bien ni mal taillées. J'ai [9]
les dents blanches, et passablement bien rangées. On m'a dit [10]
autrefois que j'avais un peu trop de menton: je viens de me [11]
regarder dans le miroir, pour savoir ce qui en est[4]; et je ne [12]
sais pas trop bien qu'en juger. Pour le tour du visage,[5] je l'ai [13]
ou carré, ou en ovale: lequel des deux, il me serait difficile de [14]
le dire. J'ai les cheveux noirs naturellement frisés, et avec [15]
cela assez épais et assez longs pour pouvoir prétendre en [16]
belle tête.[6]

[1] **d'une taille médiocre** (*archaïque*) de taille moyenne; ni grand ni petit
[2] **Je serais fort empêché** (*archaïque*) j'aurais beaucoup de difficulté
[3] **de quelle sorte** comment
[4] **ce qui en est** si c'est vrai
[5] **le tour du visage** la forme du visage
[6] **en belle tête** à avoir une belle coiffure

27

1 **fier (fière)**   *ici:* hautain, arrogant
1 **la mine**   l'expression du visage
3 **aisé(e)**   naturel, facile
6 **là-dessus**   sur cela
7 **fort**   *ici:* très

J'ai quelque chose de chagrin[7] et de fier dans la mine: cela fait croire à la plupart des gens que je suis méprisant,[8] quoique je ne le sois[9] point du tout. J'ai l'action fort aisée,[10] et même un peu trop, et jusqu'à faire beaucoup de gestes en parlant. Voilà naïvement comme[11] je pense que je suis fait au dehors, et l'on trouvera, je crois, que ce que je pense de moi là-dessus n'est pas fort éloigné de ce qui en est.

LA ROCHEFOUCAULD

Exercices de vocabulaire

A. *Vocabulaire supplémentaire:*

le visage   rond, carré, ovale
le teint   pâle, vermeil, coloré, brun (basané)
les joues   rondes, fraîches, pâles, vermeilles, rouges
le nez   long, pointu, gros, aquilin, camus, retroussé
les yeux   bleus, noirs, bruns, gris, verts
les cheveux   bruns, blonds, noirs, gris, blancs, roux
la barbe   en pointe, carrée, longue, fleurie
la moustache   en brosse
la taille   grande, petite, moyenne, svelte, mince, maigre

B. *En vous servant du vocabulaire supplémentaire faites le portrait:*

1. d'une petite fille
2. d'un vieil homme
3. de votre meilleur(e) ami(e)
4. d'un acteur ou d'une actrice de cinéma

Questionnaire

1. De quelle taille La Rochefoucauld est-il?
2. Comment est son teint?

[7] **chagrin**   désagréable
[8] **méprisant**   hautain, qui se croit supérieur aux autres
[9] **sois**   *présent du subjonctif du verbe* **être**
[10] **J'ai l'action fort aisée**   je fais des mouvements facilement
[11] **Voilà naïvement comme**   voilà sincèrement comment

3. Décrivez les yeux du duc.
4. Comment est son nez?
5. Décrivez sa bouche, ses lèvres et ses dents.
6. Que fait La Rochefoucauld pour juger son menton?
7. Comment sont les cheveux de La Rochefoucauld?
8. Les cheveux d'un homme avaient-ils plus d'importance au XVIIe siècle qu'aujourd'hui? Pourquoi?
9. Pouvez-vous vous faire une image de la physionomie du duc? Correspond-elle au portrait, page 28?
10. Quel est le caractère de La Rochefoucauld d'après sa physionomie?
11. Peut-on juger une personne d'après son visage?
12. Est-il possible de faire son propre portrait avec objectivité?

Composition écrite

Faites votre propre portrait en suivant le texte comme modèle.

Demain, dès l'aube ...

VICTOR HUGO (1802–1885)

POÈTE LYRIQUE, *épique et satirique, dramaturge et auteur de romans tels que* Les Misérables *et* Notre-Dame de Paris, *Victor Hugo était vraiment « l'écho sonore » de son siècle.*

Parmi ses plus belles oeuvres sont les poèmes intimes où il chante les joies et les peines de la vie familiale. À la mort de sa fille Léopoldine en 1843, Hugo a été plongé dans une profonde tristesse. Dans « Demain dès l'aube ... » le lecteur est touché non seulement par la douleur du père mais aussi par l'art du poète: puissante imagination visuelle, images concrètes, vers mélodieux.

1 **dès**   en commençant à
1 **l'aube** *(f.)*   le commencement du jour; la première lumière du jour
1 **blanchir**   devenir blanc
6 **au dehors**   à l'extérieur
6 **aucun(e)**   pas un seul
7 **inconnu(e)**   pas connu
10 **la voile**   *ici:* un bateau que le vent met en mouvement   *bateau*
12 **le houx**   une plante toujours verte   *holly*
12 **la bruyère**   une plante sauvage à fleurs violettes   *heather*

3 strophes to put something tomb:
so simple as flowers on tomb:
cette chose est très importantes à lui
Les fleurs ne sont pas important
mais l'amour est ...

alexandrin [handwritten]

SEPTIÈME LEÇON

Demain, dès l'aube ...

un jour [handwritten]

@ the beginning of / as soon as [handwritten]

death does not seperate [handwritten]

le départ [handwritten]

le voyage [handwritten]

l'arrivée [handwritten]

DEMAIN, dès l'aube, à l'heure où blanchit la campagne,
Je partirai. Vois-tu, je sais que tu m'attends.
J'irai[1] par la forêt, j'irai par la montagne.
Je ne puis[2] demeurer loin de toi plus longtemps.

to function [handwritten]

Je marcherai les yeux fixés sur mes pensées,   5
Sans rien voir au dehors, sans entendre aucun bruit,
Seul, inconnu, le dos courbé, les mains croisées,   *to cross* [handwritten]
Triste, et le jour pour moi sera[3] comme la nuit.

back to bend [handwritten]

le coucher du soleil [handwritten]

Je ne regarderai ni l'or du soir[4] qui tombe,
Ni les voiles au loin descendant vers Harfleur,[5]   10
Et quand j'arriverai, je mettrai sur ta tombe
Un bouquet de houx vert et de bruyère en fleur.

VICTOR HUGO

Exercices de vocabulaire

A. *Trouvez dans le poème un antonyme de:*
blanchir *loin* *au dehors* *inconnu* *triste* [handwritten]
1. noircir   2. près de   3. dedans   4. connu   5. gai

[1] **J'irai**   *du verbe* **aller**
[2] **Je ne puis**   je ne peux pas
[3] **sera**   *du verbe* **être**
[4] **l'or du soir**   la couleur jaune du coucher du soleil
[5] **Harfleur**   *petite ville en Normandie à l'estuaire de la Seine*

B. *Faites des phrases avec les expressions ou les mots suivants. Traduisez vos phrases en anglais:*

1. à l'heure
2. blanchir
3. loin de
4. longtemps

5. les yeux fixés
6. au dehors
7. les mains croisées

8. au loin
9. dès
10. en fleur

Questionnaire

1. Quand le poète partira-t-il?
2. Quelle image emploie-t-il pour décrire l'aube?
3. Sait-on sa destination dès le début du poème?
4. Comment savez-vous que le poète ne regardera pas la campagne pendant son voyage?
5. Comment Victor Hugo indique-t-il sa tristesse?
6. Comment appelle-t-il le coucher du soleil?
7. Que fera-t-il à son arrivée à la tombe de sa fille?
8. Quels vers dans le poème indiquent la durée du voyage?

Explication de texte

A. *Le poème:*

1. Dans quelles circonstances Victor Hugo a-t-il écrit ce poème?
2. Quelle est l'idée principale du poème?
3. Chaque strophe indique un moment du voyage. Dites en quelques mots les trois moments différents et donnez un titre à chacun.
4. Expliquez les vers suivants:

   (a) « Je marcherai les yeux fixés sur mes pensées ... »
   (b) « ... le jour pour moi sera comme la nuit. »

B. *La versification:*

1. Comptez les syllabes. Comment appelle-t-on cette versification?

2. Relevez les verbes au présent et au futur et essayez d'expliquer pourquoi le poète emploie ces deux temps.

Exposé oral

Est-ce que les sentiments exprimés par Victor Hugo sont les sentiments d'un poète ou d'un père?

Le Loup et l'agneau

JEAN DE LA FONTAINE (1621–1695)

JEAN DE LA FONTAINE *est le fabuliste français le plus connu. S'inspirant de la tradition populaire française ainsi que de l'oeuvre d'Ésope, La Fontaine a écrit douze livres de fables. Souvent sous le masque d'animaux, il peint la société de son temps et fait la satire des vices et des ridicules de l'homme universel. « Je me sers d'animaux pour instruire les hommes », écrit-il dans une de ses préfaces. De ses fables émane une morale de l'expérience, morale pratique et à l'échelle de tous. La Fontaine nous peint les hommes tels qu'ils sont, la vie telle qu'elle est.*

LE LOUP   un animal sauvage qui ressemble au chien et qui vit
   dans les forêts

L'AGNEAU *(m.)*   un petit mouton

5 **survenir**   arriver de manière inattendue *unexpectedly*
5 **à jeun**   sans avoir ni mangé ni bu *on an empty stomach*
6 **attirer**   *ici:* appeler
7 **le breuvage**   ce que l'on boit, la boisson
9 **châtier**   punir
11 **la colère**   la fureur
15 **le pas**   *ici:* une mesure de distance
15 **au-dessous**   *ici:* plus bas
16 **la façon**   la manière
18 **reprendre**   *ici:* continuer
19 **médire**   dire du mal d'une autre personne

HUITIÈME LEÇON

Le Loup et l'agneau

LA RAISON du plus fort est toujours la meilleure:
Nous l'allons montrer[1] tout à l'heure.[2]
Un Agneau se désaltérait
Dans le courant d'une onde pure.
Un Loup survient à jeun qui cherchait aventure,   5
  Et que la faim en ces lieux attirait.
Qui te rend si hardi de troubler mon breuvage?
  Dit cet animal plein de rage:
  Tu seras châtié de ta témérité.
— Sire, répond l'Agneau, que votre Majesté   10
  Ne se mette[3] pas en colère;
  Mais plutôt qu'elle considère
  Que je me vais désaltérant[4]
    Dans le courant,
  Plus de vingt pas au-dessous d'Elle,   15
Et que par conséquent, en aucune façon,
  Je ne puis troubler[5] sa boisson.
— Tu la troubles, reprit[6] cette bête cruelle,
  Et je sais que de moi tu médis[7] l'an passé.

[1] **Nous l'allons montrer** nous allons le montrer
[2] **tout à l'heure** dans un moment
[3] **se mette** *présent du subjonctif du verbe* **se mettre** *employé comme impératif*
[4] **je me vais désaltérant** (*archaïque*) je me désaltère, je bois
[5] **Je ne puis troubler** je ne peux pas troubler
[6] **reprit** *passé simple du verbe* **reprendre**
[7] **médis** *passé simple du verbe* **médire**

2 **téter** boire le lait de sa mère *to suckle*
5 **ne ... guère** pas beaucoup *hardly / scarcely*
5 **épargner** exempter
6 **le berger** la personne qui garde les moutons
8 **là-dessus** sur cela
8 **le fond** *ici:* l'intérieur

— Comment l'aurais-je fait si je n'étais pas né?
Reprit l'Agneau, je tette encor[8] ma mère
— Si ce n'est toi,[9] c'est donc ton frère.
— Je n'en ai point. — C'est donc quelqu'un des tiens[10]:
Car vous ne m'épargnez guère,   5
Vous, vos bergers, et vos chiens.
On me l'a dit: il faut que je me venge.
Là-dessus, au fond des forêts
Le Loup l'emporte, et puis le mange,
Sans autre forme de procès.[11]   10

JEAN DE LA FONTAINE

Exercice de vocabulaire

Faites des phrases avec les expressions suivantes. Traduisez vos phrases en anglais:

1. là-dessus	4. par conséquent	7. ne … guère
2. au-dessus	5. ne … pas	8. chercher aventure
3. au-dessous	6. ne … point	

Questionnaire

1. Pourquoi La Fontaine raconte-t-il l'histoire du loup et de l'agneau?
2. Que faisait l'agneau?
3. Que faisait le loup?
4. Le loup est-il venu pour boire dans le ruisseau ou pour manger l'agneau?
5. Pourquoi l'agneau appelle-t-il le loup « Sire » et « votre Majesté »?
6. De quoi le loup accuse-t-il l'agneau?
7. Comment l'agneau essaye-t-il de se défendre?
8. Quelle est la fin de l'histoire?

[8] **encor**   encore
[9] **Si ce n'est toi**   si ce n'est pas toi
[10] **des tiens**   de ta famille
[11] **Sans autre forme de procès**   sans autre discours

Explication de texte

1. Après les deux vers de morale, la fable se divise en trois parties: indiquez les limites de chaque partie, donnez-lui un titre et résumez-la brièvement.
2. Quelle est l'idée principale de la fable?
3. Pourquoi La Fontaine met-il la morale au commencement de son poème?
4. Pensez-vous que le loup représente « l'oppresseur » et l'agneau « l'opprimé » dans la vie? Est-ce que les deux animaux sont bien choisis? Pourquoi?

Lecture dramatique

Cette fable est un petit drame. Un étudiant jouera le rôle du récitant; un autre jouera le rôle du loup; un troisième le rôle de l'agneau. Essayez de montrer le loup cruel et plein de rage et l'agneau innocent, craintif et doux.

MÉCONTENT(E) pas content

3 **la veille** le jour précédent *ant.: le lendemain*

4 **la conférence** un discours littéraire ou scientifique prononcé devant un public

10 **déçu** désappointé

11 **s'ennuyer** *antonyme:* s'amuser

11 **avoir envie de** désirer

15 **verser** faire passer un liquide d'un récipient dans un autre

18 **la chaleur** *antonyme:* le froid

18 **la bosse** une protubérance au dos d'un animal ou d'une personne *hump / lump*

19 **gêner** tourmenter

19 **frotter** frictionner

19 **le dossier** partie d'une chaise contre laquelle on met le dos

19 **le fauteuil** une chaise confortable à bras et à dossier

20 **remuer** changer de position

la lecture - reading
le lecteur

faire une conférence - to give a lecture

Le Dromadaire mécontent

Un JOUR, il y avait un jeune dromadaire qui n'était pas content du tout.

La veille, il avait dit à ses amis: « Demain, je sors avec mon père et ma mère, nous allons entendre une conférence, voilà comme[1] je suis, moi! » 5

Et les autres avaient dit: « Oh, oh, il va entendre une conférence, c'est merveilleux », et lui n'avait pas dormi de la nuit[2] tellement il était impatient[3] et voilà qu'il n'était pas content parce que la conférence n'était pas du tout ce qu'il avait imaginé: il n'y avait pas de musique et il était déçu, il 10 s'ennuyait beaucoup, il avait envie de pleurer.

Depuis une heure trois quarts un gros monsieur parlait. Devant le gros monsieur, il y avait un pot à eau et un verre à dents sans la brosse et de temps en temps, le monsieur versait de l'eau dans le verre, mais il ne se lavait jamais les 15 dents et visiblement irrité il parlait d'autre chose, c'est-à-dire des dromadaires et des chameaux.

Le jeune dromadaire souffrait de la chaleur, et puis sa bosse le gênait beaucoup; elle frottait contre le dossier du fauteuil, il était très mal assis, il remuait. 20

[1] **comme**   comment
[2] **de la nuit**   toute la nuit
[3] **tellement il était impatient**   il était si impatient

45

1 **se tenir**   rester
2 **pincer**   presser entre les doigts
4 **le conférencier**   la personne qui fait une conférence
7 **le fait**   *ici:* la chose
11 **le calepin**   un petit cahier
14 **utile**   ce qui rend service
17 **l'estrade** *(f.)*   une sorte de plate-forme
17 **mordre**   blesser avec les dents
19 **sale**   ce qui n'est pas lavé *(antonyme:* propre); *(fam.)* très désagréable
21 **pourtant**   mais

Alors sa mère lui disait: « Tiens-toi tranquille, laisse parler le monsieur », et elle lui pinçait la bosse, le jeune dromadaire avait de plus en plus envie de pleurer, de s'en aller …

Toutes les cinq minutes, le conférencier répétait: « Il ne faut surtout pas confondre les dromadaires avec les chameaux, 5 j'attire, mesdames, messieurs et chers dromadaires, votre attention sur[4] ce fait: le chameau a deux bosses mais le dromadaire n'en a qu'une! »

Tous les gens de la salle disaient: « Oh, oh, très intéressant », et les chameaux, les dromadaires, les hommes, les femmes et 10 les enfants prenaient des notes sur leur petit calepin.

Et puis le conférencier recommençait: « Ce qui différencie les deux animaux, c'est que le dromadaire n'a qu'une bosse, tandis que, chose étrange et utile à savoir, le chameau en a deux … »   15

À la fin[5] le jeune dromadaire en eut[6] assez et se précipitant sur l'estrade, il mordit[7] le conférencier:

« Chameau[8]! » dit le conférencier furieux.

Et tout le monde dans la salle criait: « Chameau, sale chameau, sale chameau! »   20

Pourtant c'était un dromadaire, et il était très propre.[9]

JACQUES PRÉVERT

Exercices de vocabulaire

A. Dites en français ce que c'est qu'un dromadaire; un chameau; un pot à eau; un verre à dents; une brosse à dents; un conférencier; une conférence; un sale chameau.

B. Faites des phrases avec les expressions suivantes. Traduisez vos phrases en anglais:

[4] **j'attire … votre attention sur**   je vous demande de remarquer
[5] **À la fin**   enfin
[6] **eut**   *passé simple du verbe* **avoir**
[7] **mordit**   *passé simple du verbe* **mordre**
[8] *Le mot* **chameau** *a deux significations en français. Quand on appelle une personne* **un chameau**, *on l'insulte.*
[9] *Prévert fait un jeu de mots sur l'expression* **sale chameau.**

1. avoir envie de
2. souffrir de
3. s'en aller
4. faire une conférence
5. toutes les cinq minutes

6. prendre des notes
7. ne ... que
8. tandis que
9. de plus en plus
10. de temps en temps

Questionnaire

1. Où le jeune dromadaire va-t-il avec ses parents?
2. Qu'en pensent ses amis?
3. Pourquoi le jeune dromadaire n'a-t-il pas dormi de la nuit?
4. Pourquoi était-il déçu?
5. Quels objets le conférencier avait-il devant lui?
6. De quoi le conférencier parlait-il?
7. Pourquoi le jeune dromadaire n'était-il pas bien dans son fauteuil?
8. Qu'avait-il envie de faire?
9. Que faisait sa mère?
10. Que répétait constamment le conférencier?
11. Quelle était la réaction du public?
12. Pourquoi le jeune dromadaire a-t-il mordu le conférencier?
13. Pourquoi le public criait-il « sale chameau » au dromadaire?
14. Quel jeu de mots l'auteur fait-il à la fin?

Exposé oral

Imaginez la conversation entre le dromadaire et ses parents après la conférence.

Composition écrite

Expliquez pourquoi ce conte est une petite satire.

Le Laboureur et ses enfants

JEAN DE LA FONTAINE (1621–1695)

COMME *tous les écrivains classiques du XVIIe siècle, La Fontaine avait pour but non seulement d'instruire mais aussi de plaire. La Fontaine plaît par la variété de son inspiration, de sa langue, de son style. La langue de La Fontaine est vivante, imagée et familière. Son style spontané s'adapte au récit, la longueur des vers s'adapte à l'action et à la pensée. Chaque fable est un récit complet: un dialogue, une comédie ou un drame. En une vingtaine de vers La Fontaine crée une atmosphère, situe le cadre, développe et dénoue l'action.*

LE LABOUREUR une personne qui cultive la terre

1 **la peine** l'effort
3 **prochain(e)** immédiat
4 **le témoin** une personne qui a vu ou entendu quelque chose
5 **se garder de** éviter
7 **dedans** dans l'intérieur
9 **venir à bout** réussir
10 **le champ** une étendue de terre labourable
11 **creuser** faire des trous
11 **fouiller** creuser pour chercher
11 **bêcher** remuer la terre
11 **nul(le)** aucun
14 **deçà** de ce côté-ci
14 **delà** de ce côté-là
15 **davantage** plus

DIXIÈME LEÇON

Le Laboureur et ses enfants

Travaillez, prenez de la peine:
C'est le fonds qui manque le moins.[1]
Un riche laboureur, sentant sa mort prochaine,
Fit[2] venir ses enfants, leur parla sans témoins.
Gardez-vous, leur dit-il, de vendre l'héritage   5
Que nous ont laissé nos parents.[3]
Un trésor est caché dedans.
Je ne sais pas l'endroit; mais un peu de courage
Vous le fera trouver, vous en viendrez à bout.
Remuez votre champ dès qu'on aura fait l'Oût.[4]   10
Creusez, fouillez, bêchez; ne laissez nulle place
Où la main ne passe et repasse.
Le père mort, les fils vous retournent le champ[5]
Deçà, delà, partout; si bien qu'au bout de l'an
Il en rapporta davantage.   15
D'argent, point de caché.[6] Mais le père fut sage
De leur montrer avant sa mort
Que le travail est un trésor.

JEAN DE LA FONTAINE

[1] **C'est le fonds qui manque le moins** le travail est un capital accessible à tous les hommes
[2] **Fit** *passé simple du verbe* **faire**
[3] **Que nous ont laissé nos parents** que nos parents nous ont laissé
[4] **Oût** août. *C'est au mois d'août que l'on recueille les produits de la terre.*
[5] **les fils vous retournent le champ** **Vous** *n'a pas de fonction grammaticale, mais donne un ton familier.*
[6] **D'argent, point de caché** point d'argent caché

Exercice de vocabulaire

Faites des phrases avec les expressions suivantes. Traduisez vos phrases en anglais:

1. prendre de la peine   3. venir à bout   5. dès que
2. se garder de (+ *infinitif*)   4. au bout de

Questionnaire

1. Qui le laboureur a-t-il fait venir?
2. Pourquoi leur a-t-il parlé sans témoins?
3. Que leur a-t-il dit?
4. A-t-il indiqué l'endroit où était caché le trésor?
5. Pensait-il que ses fils trouveraient l'endroit?
6. Selon le père que devaient-ils faire pour trouver le trésor?
7. En réalité, pourquoi devaient-ils creuser, fouiller, bêcher?
8. Qu'ont fait les fils après la mort de leur père?
9. Ont-ils trouvé de l'argent caché? Qu'ont-ils trouvé?
10. Qu'est-ce que le père leur avait montré avant sa mort?

Explication de texte

1. Par quelle idée générale La Fontaine commence-t-il sa fable?
2. Il illustre cette idée en donnant un exemple concret — l'incident du laboureur et de ses enfants. Cet incident comporte deux petites scènes. Indiquez les limites de chaque scène et résumez-la brièvement.
3. Quelle est la morale de la fable?
4. Le vocabulaire est-il concret ou abstrait? Donnez trois exemples pour justifier votre réponse.

Composition écrite

Racontez comment votre expérience personnelle vous a enseigné que « le travail est un trésor ».

Le Petit Prince *(Chapitre XIII)*

ANTOINE DE SAINT-EXUPÉRY (1900–1944)

NÉ À LYON *en 1900, Antoine de Saint-Exupéry est mort au cours d'une mission aérienne pendant la seconde guerre mondiale. Aviateur et romancier, Saint-Exupéry s'est servi de son avion pour découvrir les hommes et « le vrai visage de la terre ». La valeur de la vie de chaque individu, l'amour, l'amitié et la camaraderie des hommes sont les thèmes principaux d'oeuvres comme* Vol de nuit *et* Terre des hommes.

Dans Le Petit Prince *nous retrouvons les idées de Saint-Exupéry dans un cadre à la fois plus simple et plus fantaisiste. Après un accident dans le désert, l'auteur rencontre un petit prince tombé d'une autre planète. Avant d'arriver sur terre cet enfant a visité plusieurs planètes, dont chacune n'est habitée que par une seule personne. L'homme est seul, mais à travers l'espace des étoiles, l'amour et l'amitié tendent une main fraternelle.*

ONZIÈME LEÇON

Le Petit Prince (Chapitre XIII)

LA QUATRIÈME PLANÈTE était celle du businessman.[1] Cet homme était si occupé qu'il ne leva même pas la tête à l'arrivée du petit prince.

— Bonjour, lui dit celui-ci. Votre cigarette est éteinte.

— Trois et deux font cinq. Cinq et sept douze. Douze et 5
trois quinze. Bonjour. Quinze et sept vingt-deux. Vingt-deux et six vingt-huit. Pas le temps[2] de la rallumer. Vingt-six et cinq trente-et-un. Ouf! Ça fait donc cinq-cent-un millions six-cent-vingt-deux-mille sept-cent-trente-et-un.

— Cinq cent millions de quoi? 10

— Hein? Tu es toujours là? Cinq-cent-un millions de ... je ne sais plus ... j'ai tellement de travail! Je suis sérieux, moi, je ne m'amuse pas à des balivernes! Deux et cinq sept ...

— Cinq-cent-un millions de quoi, répéta le petit prince qui jamais de sa vie, n'avait renoncé à une question, une fois 15
qu'il l'avait posée.

Le businessman leva la tête:

— Depuis cinquante-quatre ans que j'habite cette planète-ci, je n'ai été dérangé que trois fois. La première fois ç'a été,[3]
il y a vingt-deux ans, par un hanneton qui était tombé Dieu 20

---

[1] **businessman** *L'auteur se sert du mot anglais pour montrer qu'il fait la caricature d'un homme d'affaires américain. Saint-Exupéry a écrit Le Petit Prince en Amérique.*

[2] **Pas le temps** je n'ai pas le temps

[3] **ç'a été** (*fam.*) cela a été

55

1 **répandre** diffuser

3 **la crise** *ici:* une attaque

3 **manquer de** ne pas avoir

4 **flâner** se promener sans but

9 **la paix** la tranquillité, le calme

12 **la mouche** un petit insecte volant très fréquent en été, même dans les maisons

14 **l'abeille** *(f.)* un insecte volant qui fait du miel (sorte de sirop jaune et sucré)

15 **doré(e)** jaune

15 **rêvasser** faire des rêves

16 **le fainéant** une personne qui ne veut rien faire

18 **l'étoile** *(f.)* un corps céleste

30 **le roi** le monarque

30 **régner** gouverner à la manière d'un roi

sait d'où. Il répandait un bruit épouvantable, et j'ai fait quatre erreurs dans une addition. La seconde fois ç'a été, il y a onze ans, par une crise de rhumatisme. Je manque d'exercice. Je n'ai pas le temps de flâner. Je suis sérieux, moi. La troisième fois ... la voici! Je disais donc cinq-cent-un millions ... 5

— Millions de quoi?

Le businessman comprit qu'il n'était point[4] d'espoir de paix:

— Millions de ces petites choses que l'on voit quelquefois 10 dans le ciel.

— Des mouches?

— Mais non, des petites choses qui brillent.

— Des abeilles?

— Mais non. Des petites choses dorées qui font rêvasser les 15 fainéants. Mais je suis sérieux, moi! Je n'ai pas le temps de rêvasser.

— Ah! des étoiles?

— C'est bien ça. Des étoiles.

— Et que fais-tu de cinq-cents millions d'étoiles? 20

— Cinq-cent-un millions six-cent-vingt-deux-mille-sept-cent-trente-et-un. Je suis sérieux, moi, je suis précis.

— Et que fais-tu de ces étoiles?

— Ce que j'en[5] fais?

— Oui. 25

— Rien. Je les possède.

— Tu possèdes les étoiles?

— Oui.

— Mais j'ai déjà vu un roi ...

— Les rois ne possèdent pas. Ils « règnent » sur. C'est très 30 différent.

— Et à quoi cela te sert-il de posséder les étoiles?

— Ça me sert à être riche.

— Et à quoi cela te sert-il d'être riche?

— À acheter d'autres étoiles si quelqu'un en trouve. 35

[4] **il n'était point** il n'y avait point
[5] **en** de ces étoiles

2 **l'ivrogne** *(m.)* une personne qui boit à l'excès des boissons alcoolisées

5 **riposter** répondre vivement

5 **grincheux (grincheuse)** d'une manière désagréable

12 **breveter** donner une patente

13 **songer** penser

15 **gérer** administrer

18 **le foulard** un grand mouchoir qu'on met autour du cou ou sur la tête

19 **emporter** prendre avec soi

20 **cueillir** prendre en détachant

25 **enfermer** mettre dans un endroit fermé

33 **arroser** donner de l'eau à une plante

34 **ramoner** nettoyer une cheminée

Celui-là se dit en lui-même le petit prince, il raisonne un peu comme mon ivrogne.

Cependant il posa encore des questions:

— Comment peut-on posséder les étoiles?

— À qui sont-elles? riposta, grincheux, le businessman.   5

— Je ne sais pas. À personne.

— Alors elles sont à moi, car j'y ai pensé le premier.

— Ça suffit?

— Bien sûr. Quand tu trouves un diamant qui n'est à personne, il est à toi. Quand tu trouves une île qui n'est à per-   10
sonne, elle est à toi. Quand tu as une idée le premier, tu la fais breveter: elle est à toi. Et moi je possède les étoiles, puisque jamais personne avant moi n'a songé à les posséder.

— Ça c'est vrai, dit le petit prince. Et qu'en fais-tu?

— Je les gère. Je les compte et je les recompte, dit le   15
businessman. C'est difficile. Mais je suis un homme sérieux!

Le petit prince n'était pas satisfait encore.

— Moi, si je possède un foulard, je puis le mettre autour de mon cou et l'emporter. Moi, si je possède une fleur, je puis cueillir ma fleur et l'emporter. Mais tu ne peux pas cueillir   20
les étoiles!

— Non, mais je puis les placer en banque.

— Qu'est-ce que ça veut dire?

— Ça veut dire que j'écris sur un petit papier le nombre de mes étoiles. Et puis j'enferme à clef ce papier-là dans un   25
tiroir.

— Et c'est tout?

— Ça suffit!

C'est amusant, pensa le petit prince. C'est assez poétique. Mais ce n'est pas très sérieux.

Le petit prince avait sur les choses sérieuses des idées très différentes des idées des grandes personnes.

— Moi, dit-il encore, je possède une fleur que j'arrose tous les jours. Je possède trois volcans que je ramone toutes les semaines. Car je ramone aussi celui qui est éteint. On ne sait   35
jamais. C'est utile à mes volcans, et c'est utile à ma fleur, que je les possède. Mais tu n'es pas utile aux étoiles ...

Le businessman ouvrit la bouche mais ne trouva rien à répondre, et le petit prince s'en fut.[6]

Les grandes personnes sont décidément tout à fait extraordinaires, se disait-il simplement en lui-même durant le voyage.   5

ANTOINE DE SAINT-EXUPÉRY

Exercice de vocabulaire

Faites des phrases avec les expressions suivantes. Traduisez vos phrases en anglais:

1. à l'arrivée de
2. jamais de la vie
3. avoir le temps de
4. régner sur
5. fermer à clef
6. servir à
7. autour de
8. poser une question
9. personne ... ne
10. manquer de

Questionnaire

1. Le portrait du businessman vous semble-t-il caractéristique? Justifiez votre réponse.
2. Pourquoi le businessman ne veut-il pas causer avec le petit prince?
3. Quel âge le businessman a-t-il?
4. La cigarette du businessman est-elle allumée? Est-ce que ce détail ajoute quelque chose au récit?
5. Combien de fois a-t-il été dérangé dans son travail? Dites ce qui s'était passé chaque fois.
6. Que compte le businessman?
7. Pourquoi les compte-t-il?
8. D'après le petit prince, peut-on posséder les étoiles?
9. Que peut-on posséder d'après lui?
10. Comment le petit prince pense-t-il être utile aux choses qu'il possède?
11. Le businessman veut-il être « utile » aux étoiles?

[6] **s'en fut**   s'en alla

12. En quoi les idées du petit prince et du businessman sur les choses sérieuses diffèrent-elles?

13. Pourquoi le petit prince pense-t-il que les grandes personnes sont « tout à fait extraordinaires »?

14. Quel est le côté sérieux de ce chapitre?

Exposés oraux

Commentez les citations suivantes:

1. « Les rois ne possèdent pas. Ils « règnent » sur ... »
2. « [Les étoiles] sont à moi, car j'y ai pensé le premier. »
3. « [Placer les étoiles en banque ...] C'est assez poétique. Mais ce n'est pas très sérieux. »
4. « C'est utile à mes volcans, et c'est utile à ma fleur, que je les possède. Mais tu n'es pas utile aux étoiles ... »

Jeu dramatique

Un étudiant lira le rôle du petit prince; un autre le rôle du businessman et un troisième fera le récitant.

Composition écrite

Imaginez une planète habitée où tout serait idéal.

Le Relais

[handwritten: relay station]

GÉRARD DE NERVAL (1808–1855)

POÈTE *sensible et délicat, Gérard de Nerval mêle souvent le* *[handwritten: to mix]*
rêve et la réalité dans ses ouvrages.

    Dans « Le Relais » Nerval évoque ses souvenirs de voyage
et des paysages qu'il a tant aimés. La description lyrique de *[handwritten: so many]*
la nature semble ouvrir les routes à une mystérieuse réalité *[handwritten: paths]*
née de l'imagination du poète. Après ce relais trop bref, il
est vite rappelé à la réalité par l'appel du cocher.
[handwritten: to recall]   *[handwritten: (m) appeal]*

LE RELAIS l'endroit où l'on s'arrêtait pour changer de chevaux

3 **le fouet** une corde attachée à un morceau de bois que l'on emploie pour faire marcher les chevaux

3 **étourdi(e)** dans un état de confusion

4 **engourdi(e)** comme paralysé

5 **tout à coup** soudainement

7 **le ruisseau** une très petite rivière *stream*

7 **le peuplier** un arbre des régions tempérées et humides *poplar*

10 **le foin** une herbe sèche pour la nourriture des animaux domestiques *hay*

10 **à loisir** sans hâte *leisure*

10 **s'enivrer** *ici:* s'exalter *to become [drunk] intoxicated*
to grow enthusiastic

le rêve le fait calme et tranquille (au poète)

DOUZIÈME LEÇON

Le Relais

EN VOYAGE, on s'arrête, on descend de voiture;
Puis entre deux maisons on passe à l'aventure,
Des chevaux, de la route et des fouets étourdi,
L'œil fatigué de voir et le corps engourdi.

Et voici tout à coup, silencieuse et verte,   5
Une vallée humide et de lilas couverte,
Un ruisseau qui murmure entre les peupliers,
Et la route et le bruit sont bien vite oubliés!

On se couche dans l'herbe et l'on s'écoute vivre,
De l'odeur du foin vert à loisir on s'enivre,
Et sans penser à rien on regarde les cieux...
Hélas! une voix crie: « En voiture,[1] messieurs! »
                                        GÉRARD DE NERVAL

Exercices de vocabulaire

A. *Trouvez les verbes qui correspondent aux noms suivants:*

1. le voyage   5. l'oubli   8. la pensée
2. la descente   6. le cri   9. l'arrêt
3. la fatigue   7. la vie   10. le regard
4. le murmure

[1] **En voiture**   prenez place pour le départ

B. *Faites des phrases avec les expressions suivantes. Traduisez vos phrases en anglais:*

1. descendre de voiture
2. passer à l'aventure
3. tout à coup
4. à loisir
5. en voiture

C. *Écrivez en prose les deux vers suivants:*

> Et voici tout à coup, silencieuse et verte,
> Une vallée humide et de lilas couverte

Questionnaire

1. Expliquez le titre du poème: « Le Relais ».
2. S'agit-il d'un long voyage? Justifiez votre réponse.
3. Pourquoi s'arrête-t-on en voyage?
4. Expliquez le sens du vers:

> Puis entre deux maisons on passe à l'aventure

5. Pourquoi les voyageurs sont-ils si fatigués?
6. Trouvez les expressions qui soulignent les fatigues du voyage.
7. Quelle saison est-ce? Comment le savez-vous?
8. Décrivez le paysage.
9. Pourquoi le voyageur oublie-t-il si vite la route et le bruit?
10. Expliquez le vers:

> On se couche dans l'herbe et l'on s'écoute vivre

11. De quoi s'enivre-t-on?
12. Quel est l'effet produit par l'appel du conducteur?

Explication de texte

1. Quel est le thème principal du poème?
2. Comment le poète développe-t-il ce thème?
3. Quelles images de la nature le poète présente-t-il? Sont-elles abstraites ou concrètes?

Composition écrite

Imaginez une conversation entre deux personnes qui voyagent en voiture au XIXᵉ siècle.

Récitation

Apprenez le poème par coeur.

Les Fenêtres

CHARLES BAUDELAIRE (1821–1867)

« S'ABANDONNER *à toutes les rêveries suggérées par le spectacle infini de la vie sur la terre et dans les cieux est le droit légitime ... du poète à qui il est accordé alors de traduire dans un langage magnifique ... les conjectures éternelles de la curiosité humaine.* »

— BAUDELAIRE, L'Art romantique

il voit la réalité et il crée le rêve après

1 **le dehors**   l'extérieur
1 **à travers**   *ici:* par
2 **autant de**   la même quantité de
4 **fécond(e)**   fertile
4 **ténébreux (ténébreuse)**   sombre, noir
4 **éblouissant(e)**   illuminé
7 **la vitre**   le verre d'une fenêtre
7 **le trou**   une ouverture ou une cavité   hole
9 **la vague**   le mouvement ondulatoire de l'eau; *ici:* au sens figuré   wave
9 **le toit**   la couverture d'une maison
9 **apercevoir**   voir à une certaine distance
9 **mûr(e)**   pas jeune
10 **ridé(e)**   couvert de rides: plis du visage qui sont d'habitude l'effet de l'âge   wrinkled
10 **penché(e)**   incliné
11 **le vêtement**   ce qui sert à couvrir le corps: robes, pantalons, chaussures, etc.
12 **le geste**   un mouvement du corps ou de la main
16 **aisément**   facilement
17 **fier (fière)**   satisfait de soi-même

TREIZIÈME LEÇON

Les Fenêtres

CELUI qui regarde du dehors à travers une fenêtre ouverte
ne voit jamais autant de choses que celui qui regarde une
fenêtre fermée. Il n'est pas[1] d'objet plus profond, plus mystérieux, plus fécond, plus ténébreux, plus éblouissant qu'une
fenêtre éclairée d'une chandelle. Ce qu'on peut voir au soleil 5
est toujours moins intéressant que ce qui se passe derrière
une vitre. Dans ce trou noir ou lumineux vit[2] la vie, rêve la vie,
souffre la vie.

Par delà des vagues de toits, j'aperçois[3] une femme mûre,
ridée déjà, pauvre, toujours penchée sur quelque chose, et 10
qui ne sort jamais. Avec son visage, avec son vêtement, avec
son geste, avec presque rien, j'ai refait l'histoire de cette
femme, ou plutôt sa légende, et quelquefois je me la raconte
à moi-même en pleurant.

Si c'eût été[4] un pauvre vieux[5] homme, j'aurais refait la 15
sienne tout aussi aisément.

Et je me couche, fier d'avoir vécu[6] et souffert[7] dans d'autres
que moi-même.

[1] **Il n'est pas**   il n'y a pas
[2] **vit**   *du verbe* **vivre**
[3] **aperçois**   *du verbe* **apercevoir**
[4] **Si c'eût été**   si cela avait été
[5] **vieux**   *Il est plus usuel aujourd'hui d'employer la forme* **vieil** *devant un nom masculin commençant par une voyelle ou un h muet:* **vieil homme, vieil arbre,** *etc.*
[6] **vécu**   *du verbe* **vivre**
[7] **souffert**   *du verbe* **souffrir**

2-3 **hors de**   à l'extérieur de

Peut-être me direz-vous: « Es-tu sûr que cette légende soit la vraie? » Qu'importe[8] ce que peut être la réalité placée hors de moi, si elle m'a aidé à vivre, à sentir que je suis et ce que je suis?

CHARLES BAUDELAIRE

Exercices de vocabulaire

A. *Trouvez les antonymes des mots suivants:*
1. lumineux   2. vivre   3. fermé   4. pauvre   5. la réalité

B. *Trouvez des mots de la même famille que les mots suivants:*

1. profond   2. intéressant   3. le rêve   4. vrai   5. lumineux

Questionnaire

1. D'après Baudelaire, qui voit davantage, celui qui regarde du dehors à travers une fenêtre ouverte ou celui qui regarde une fenêtre fermée? Pourquoi?
2. Pourquoi Baudelaire dit-il que ce qu'on peut voir au soleil est toujours moins intéressant que ce qui se passe derrière une vitre?
3. Décrivez la femme que Baudelaire aperçoit:

   (a) Est-elle jeune?   (c) Que fait-elle?
   (b) Est-elle riche?   (d) Sort-elle souvent?

4. Que fait Baudelaire en regardant cette femme?
5. Est-il touché par l'histoire qu'il invente?
6. Pourquoi Baudelaire aurait-il pu refaire aussi facilement l'histoire d'un pauvre vieil homme?
7. Pourquoi le poète est-il fier?
8. Pourquoi appelle-t-il son histoire une légende?

[8] **Qu'importe**   de quelle importance cela est-il?

Quelle est la différence entre une histoire et une légende?

10. À quoi sert l'histoire inventée par Baudelaire?

Explication de texte

1. Que savez-vous de Baudelaire?
2. Divisez le texte de Baudelaire en trois parties.
3. Résumez brièvement chacune des parties.
4. Quel paradoxe Baudelaire propose-t-il dans la première partie du texte?
5. Quels adjectifs suggèrent la richesse de l'inconnu?
6. Expliquez l'image « les vagues de toits ».
7. Pourquoi le poète dit-il « j'ai *refait* l'histoire de cette femme », au lieu de dire « j'ai *fait* l'histoire de cette femme »?
8. Quel est le thème principal de ce poème en prose?

Composition écrite

Imaginez l'histoire de la femme que Baudelaire aperçoit à travers la fenêtre.

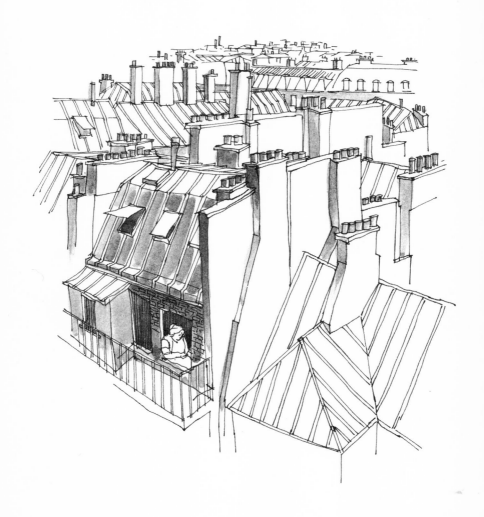

L'ESCARGOT *(m.)*   un petit mollusque qui se déplace très lente-ment

L'ENTERREMENT *(m.)*   l'action de mettre un mort en terre

3 **la coquille**   l'enveloppe protectrice que les escargots portent sur le dos

4 **la corne**   *ici:* une antenne

17 **la bière**   une boisson alcoolisée fermentée

20 **l'autocar** *(m.)*   un autobus qui va d'une ville à l'autre

23 **le deuil**   les signes extérieurs d'affliction après la mort de quelqu'un

QUATORZIÈME LEÇON

Prévert

Chanson des escargots qui vont à l'enterrement

A L'ENTERREMENT d'une feuille morte _funeral_ _dead leaf_
Deux escargots s'en vont _two snails are going_
Ils ont la coquille noire _shell black_
Du crêpe autour des cornes _crêpe around horns_
Ils s'en vont dans le noir _going in darkness_ 5
Un très beau soir d'automne _fall_
Hélas quand ils arrivent _already spring_
C'est déjà le printemps
Les feuilles qui étaient mortes _leaves are reborn_
Sont toutes ressuscitées 10
Et les deux escargots
Sont très désappointés
Mais voilà le soleil _sun tells them_
Le soleil qui leur dit
Prenez prenez la peine 15
La peine de vous asseoir
Prenez un verre de bière _beer_
Si le coeur vous en dit[1] _if your heart feels like_
Prenez si ça vous plaît
L'autocar pour Paris _autobus for Paris_ 20
Il partira ce soir
Vous verrez du pays _country_
Mais ne prenez pas le deuil _sorrow_
morning

[1] **Si le coeur vous en dit** si vous en avez le désir

Don't waste your time on useless sorrow

2 **noircir**   rendre noir
3 **enlaidir**   rendre laid
4 **le cercueil**   une sorte de boîte dans laquelle on met les morts
11 **à tue-tête**   de toute la force de sa voix
15 **trinquer**   choquer son verre contre celui d'un autre avant de boire
19 **s'en retourner**   revenir à son point de départ
20 **ému(e)**   touché
23 **tituber**   vaciller sur ses jambes
25 **veiller**   *ici:* protéger

C'est moi qui vous le dis
Ça noircit le blanc de l'oeil
Et puis ça enlaidit
Les histoires de cercueils
C'est triste et pas joli   5
Reprenez vos couleurs
Les couleurs de la vie
Alors toutes les bêtes
Les arbres et les plantes
Se mettent à chanter   10
À chanter à tue-tête
La vraie chanson vivante
La chanson de l'été
Et tout le monde de boire[2]
Tout le monde de trinquer   15
C'est un très joli soir
Un joli soir d'été
Et les deux escargots
S'en retournent chez eux
Ils s'en vont très émus   20
Ils s'en vont très heureux
Comme ils ont beaucoup bu
Ils titubent un p'tit peu
Mais là-haut dans le ciel
La lune veille sur eux.   25

JACQUES PRÉVERT

Exercices de vocabulaire

A. *Trouvez le substantif qui correspond à chacun des verbes suivants:*

1. enterrer   2. colorer   3. planter   4. chanter   5. retourner

B. *Trouvez le synonyme des expressions ou des mots suivants:*

1. commencer à   3. s'en aller   5. mélancolique
2. faire revivre   4. déçu

[2] **tout le monde de boire**   tout le monde boit

Questionnaire

1. Où vont les deux escargots?
2. Pourquoi ont-ils du crêpe autour des cornes?
3. Est-ce que la description des escargots correspond à la réalité?
4. Quelle saison est-ce?
5. Quand arrivent-ils à l'enterrement?
6. Qu'est-ce qui est arrivé aux feuilles mortes?
7. Pourquoi les deux escargots sont-ils désappointés?
8. Quels conseils le soleil leur donne-t-il?
9. Pourquoi leur dit-il de prendre l'autocar pour Paris?
10. Pourquoi le soleil leur dit-il de reprendre les couleurs de la vie?
11. Que font les arbres, les plantes et les bêtes?
12. Que fait tout le monde?
13. Pourquoi les deux escargots s'en retournent-ils chez eux très émus et heureux?
14. Pourquoi la lune veille-t-elle sur eux?

Exposé oral

Racontez en prose l'histoire des escargots qui vont à l'enterrement.

Composition écrite

Dégagez une morale de ce poème, puis développez-la.

Zadig *(Le Nez)*

VOLTAIRE (1694–1778)

1 - Pourquoi Zadig veut-il convaincre sa femme qu'il est mort ?

2 - Quelle est la morale de cette histoire s'il y en a une ?

FRANÇOIS-MARIE AROUET (DE VOLTAIRE,) peut-être l'écrivain français le plus connu de son époque, vécut de 1694 à 1778 et ainsi domina tout le XVIIIe siècle. Poète, dramaturge, historien, et conteur, Voltaire fit partie du groupe des « philosophes ». Ces écrivains du « siècle des lumières » critiquaient l'ordre social, politique et religieux tout en défendant la liberté et la tolérance. Dans ses Contes philosophiques tels que Candide et Zadig, Voltaire diffusa cette critique dans un cadre romanesque et souvent exotique. Ainsi toutes les aventures de Zadig se passent dans les pays d'Orient et tous les personnages portent des noms « orientaux ». Mais la critique de la France contemporaine est à peine déguisée. « Le Nez », un épisode de Zadig (1748), est un commentaire amusant sur la nature humaine et la frivolité des dames de la bonne société.

3 - Azora croit-elle aux changements de sentiments ?

3 **l'épouse** *(f.)* (**l'époux** [*m.*])   une personne unie à une autre par le mariage

6 **la veuve**   une femme qui a perdu son mari

8 **border**   être à côté de

9 **la douleur**   la souffrance morale ou physique

9 **tant que**   aussi longtemps que

14 **détourner**   changer de direction

15 **éclater**   exploser

16 **le faste**   l'excès

elle a critiqué Cosrou avant de sujuger soi-même

QUINZIÈME LEÇON

Zadig (Le Nez)

U N JOUR, Azora revint[1] d'une promenade, tout en colère
et faisant de grandes exclamations. « Qu'avez-vous, lui dit-il,[2]
ma chère épouse? qui vous peut mettre[3] ainsi hors de vous-
même[4]? — Hélas! dit-elle, vous seriez comme moi, si vous
aviez vu le spectacle dont je viens d'être témoin. J'ai été 5
consoler la jeune veuve Cosrou, qui vient d'élever, depuis
deux jours, un tombeau à son jeune époux auprès du ruisseau
qui borde cette prairie. Elle a promis aux dieux, dans sa
douleur, de demeurer auprès de ce tombeau tant que l'eau
de ce ruisseau coulerait auprès. — Eh bien! dit Zadig, voilà 10
une femme estimable qui aimait véritablement son mari.
— Ah! reprit Azora, si vous saviez à quoi elle s'occupait quand
je lui ai rendu visite! — À quoi donc, belle Azora? — Elle
faisait détourner le ruisseau. » Azora se répandit en des invectives si longues,[5] éclata en reproches si violents contre la 15
jeune veuve, que ce faste de vertu ne plut[6] pas à Zadig.

Il avait un ami, nommé Cador, qui était un de ces jeunes
gens à qui sa femme trouvait plus de probité et de mérite

---

[1] **revint** *du verbe* **revenir**
[2] **il** *Zadig, le mari d'Azora*
[3] **qui vous peut mettre** qui peut vous mettre
[4] **hors de vous-même** dans un état de violente agitation
[5] **Azora se répandit en des invectives si longues** Azora dit beaucoup d'in-
sultes
[6] **plut** *du verbe* **plaire**

83

6 **subitement** soudainement
6 **oser** avoir le courage de
7 **funeste** fatal
7 **ensevelir** mettre en tombe, enterrer
9 **s'arracher** détacher de soi quelque chose avec effort *to pull/tear out*
9 **jurer** affirmer fortement
11 **le lendemain** le jour après
15 **se fâcher** se mettre en colère
15 **s'adoucir** devenir plus doux *to grow softer/gentler*
16 **la confiance** un sentiment d'assurance, de sécurité
16 **le défunt** la personne morte
17 **avouer** admettre
17 **le défaut** *antonyme:* le mérite
18 **se plaindre** se lamenter
18 **la rate** un organe près de l'estomac
19 **inquiet (inquiète)** agité par l'incertitude ou la crainte
19 **empressé(e)** ce qui montre de l'ardeur
23 **daigner** vouloir bien, condescendre *to deign*
27 **soulager** adoucir la douleur de quelqu'un *to relieve*
30 **le sieur** monsieur

qu'aux autres; il le mit dans sa confidence, et s'assura, autant qu'il le pouvait, de sa fidélité par un présent considérable. Azora, ayant passé deux jours chez une de ses amies à la campagne, revint le troisième jour à la maison. Des domestiques en pleurs lui annoncèrent que son mari était mort 5 subitement, la nuit même, qu'on n'avait pas osé lui porter cette funeste nouvelle, et qu'on venait d'ensevelir Zadig dans le tombeau de ses pères, au bout du jardin. Elle pleura, s'arracha les cheveux, et jura de mourir. Le soir, Cador lui demanda la permission de lui parler, et ils pleurèrent tous 10 deux. Le lendemain ils pleurèrent moins et dînèrent ensemble. Cador lui confia que son ami lui avait laissé la plus grande partie de son bien, et lui fit[7] entendre[8] qu'il mettrait son bonheur à partager sa fortune avec elle. La dame pleura, se fâcha, s'adoucit; le souper fut plus long que le dîner; on se 15 parla avec plus de confiance. Azora fit l'éloge du défunt; mais elle avoua qu'il avait des défauts dont Cador était exempt.

Au milieu du souper Cador se plaignit[9] d'un mal de rate violent; la dame, inquiète et empressée, fit apporter toutes les essences dont elle se parfumait pour essayer s'il n'y en 20 avait pas quelqu'une qui fût[10] bonne pour le mal de rate; elle regretta beaucoup que le grand Hermès ne fût pas encore à Babylone; elle daigna même toucher le côté où Cador sentait de si vives douleurs. « Êtes-vous sujet à cette cruelle maladie? lui dit-elle avec compassion. — Elle me met quelquefois au 25 bord du tombeau, lui répondit Cador, et il n'y a qu'un seul remède qui puisse me soulager: c'est de m'appliquer sur le côté le nez d'un homme qui soit mort la veille. — Voilà un étrange remède, dit Azora. — Pas plus étrange, répondit-il, que les sachets du sieur Arnou[11] contre l'apoplexie. » Cette 30 raison, jointe à l'extrême mérite du jeune homme, détermina

---

[7] **fit** *du verbe* **faire**
[8] **entendre** comprendre
[9] **se plaignit** *du verbe* **se plaindre**
[10] **fût** *imparfait du subjonctif du verbe* **être**
[11] **Arnou** *apothicaire français qui avait inventé un « sachet antiapoplectique »*

7 **étendu(e)** couché *stretched out*
11 **valoir bien**   être égal à   *to be worth the same as*

la dame. «Après tout, dit-elle, quand mon mari passera du monde d'hier dans le monde du lendemain sur le pont Tchinavar,[12] l'ange Asraël[13] lui accordera-t-il moins le passage parce que son nez sera un peu moins long dans la seconde vie que dans la première?» Elle prit donc un rasoir; elle alla au tombeau de son époux, l'arrosa de ses larmes, et s'approcha pour couper le nez à Zadig, qu'elle trouva tout étendu dans la tombe. Zadig se relève en tenant son nez d'une main, et arrêtant le rasoir de l'autre. «Madame, lui dit-il, ne criez plus tant contre la jeune Cosrou; le projet de me couper le nez vaut[14] bien celui de détourner un ruisseau.»

VOLTAIRE

Exercices de vocabulaire

A. *Faites des phrases avec les expressions suivantes. Traduisez vos phrases en anglais:*

1. venir de (+ *infinitif*)
2. la nuit même
3. la même nuit
4. mettre dans sa confidence
5. avoir confiance
6. un mal de tête
7. avoir mal à la tête
8. valoir bien
9. se plaindre de
10. être sujet à

B. *Trouvez un synonyme de chacun des mots suivants:*

1. l'invective
2. soudainement
3. estimable
4. le présent
5. l'époux
6. l'épouse
7. la fortune
8. appelé

Questionnaire

1. Qui est Azora?
2. Pourquoi est-elle en colère au commencement de l'histoire?

---

[12] **le pont Tchinavar** *d'après la religion musulmane, pont que l'on traverse après la mort pour aller au paradis ou en enfer*
[13] **l'ange Asraël** *d'après la religion musulmane, ange de la mort*
[14] **vaut** *du verbe* **valoir**

3. Que faisait la veuve Cosrou quand Azora lui a rendu visite?
4. Que pense Zadig de l'indignation de sa femme?
5. Qui est Cador?
6. Comment Zadig s'assure-t-il de la fidélité de son ami?
7. Qu'apprend Azora en revenant de la campagne?
8. Quelle est sa première réaction quand elle apprend que son mari est mort?
9. Comment l'auteur indique-t-il que son attitude change rapidement?
10. Que fait Azora pendant le souper pour montrer qu'elle aime Cador?
11. Quel est le seul remède qui puisse guérir le mal de Cador?
12. Comment Azora justifie-t-elle son projet de couper le nez à Zadig?
13. Qu'est-ce qui arrive quand elle entre dans le tombeau de Zadig?
14. Cette histoire a-t-elle une morale? Laquelle?
15. Pourquoi trouve-t-on cette histoire drôle? Donnez une réponse aussi précise que possible.

Exposé oral

Mettez-vous à la place d'Azora et racontez l'histoire de son point de vue.

Composition écrite

Commentez la dernière phrase du conte: « Le projet de me couper le nez vaut bien celui de détourner un ruisseau. »

Automne malade

GUILLAUME APOLLINAIRE (1880–1918)

first sur réaliste

« AUTOMNE MALADE » *fait partie du recueil* Alcools *publié en 1913. En corrigeant les épreuves de ce livre, Apollinaire a supprimé toute ponctuation. Dans une lettre à un ami il écrit: « Je n'ai supprimé la ponctuation que parce qu'elle m'a paru inutile et elle l'est en effet. Le rythme même et la coupe des vers, voilà la véritable ponctuation, et il n'en est pas besoin d'une autre. » Le vers ainsi libéré permet au poète de renouveler un thème traditionnel.*

Automne malade

Automne malade et adoré
Tu mourras quand l'ouragan soufflera dans les roseraies
Quand il aura neigé
Dans les vergers

Pauvre automne   5
Meurs[1] en blancheur et en richesse
De neige et de fruits mûrs
Au fond du ciel
Des éperviers planent
Sur les nixes nicettes[2] aux cheveux verts et naines   10
Qui n'ont jamais aimé
Aux lisières lointaines
Les cerfs ont bramé
Et que j'aime ô saison que j'aime tes rumeurs
Les fruits tombant sans qu'on les cueille   15
Le vent et la forêt qui pleurent
Toutes leurs larmes en automne feuille à feuille
              Les feuilles
              Qu'on foule
              Un train   20
              Qui roule
              La vie
              S'écoule

GUILLAUME APOLLINAIRE

[1] **Meurs** *impératif du verbe* **mourir**
[2] **les nixes nicettes** *les nymphes frivoles qui vivent dans les eaux*

Exercices de vocabulaire

A. *Trouvez l'adjectif qui correspond à chacun des substantifs suivants:*

1. la blancheur   3. l'adoration   4. la maladie   5. la verdure
2. la richesse

B. *Trouvez l'antonyme de chacun des mots suivants:*

1. adoré   2. noircir   3. pleurer   4. pauvre   5. nain

Questionnaire

1. D'après le poète, quand l'automne mourra-t-il?
2. Expliquez le vers:

   Pauvre automne

3. Pourquoi l'automne mourra-t-il en blancheur et en richesse?
4. Quelle image vous faites-vous des nixes?
5. Pourquoi le poète dit-il que les fruits tombent sans qu'on les cueille? Que représente cette image?
6. Expliquez le vers:

   Le vent et la forêt qui pleurent

7. À quoi ressemblent les feuilles qui tombent?
8. Qui marche sur les feuilles?
9. Que représente l'image du « train qui roule »?
10. Comment les deux derniers vers résument-ils le poème?

Explication de texte

1. Pourquoi le poème est-il intitulé « Automne malade »?
2. Comment le poète indique-t-il la mélancolie de l'automne et son amour pour cette saison?

3. Par quelles expressions Apollinaire personnifie-t-il l'automne?
4. Quelles images traditionnelles de l'automne emploie-t-il?
5. Quel rôle la fantaisie joue-t-elle dans le poème?
6. Comment les six derniers vers donnent-ils un sens plus large au poème?

Composition écrite

Personnifiez en quelques phrases les trois autres saisons de l'année.

Le Bourgeois gentilhomme

(Acte II, scène iv)

MOLIÈRE (1622–1673)

ACTEUR *et dramaturge, Jean-Baptiste Poquelin, dit Molière, est un des plus grands écrivains du XVIIe siècle. Son oeuvre variée touche tous les publics. Il a écrit des farces comme* Le Médecin malgré lui, *des comédies-ballets,* Le Bourgeois gentilhomme, *et de grandes comédies, parmi lesquelles* Le Tartuffe *et* Le Misanthrope. *Dans son théâtre, Molière peint les hommes de son temps ainsi que les éternelles faiblesses de la nature humaine. Il s'attaque à toutes formes d'hypocrisie et d'exagération et défend le naturel et la modération. Pour lui la comédie n'a pas seulement la fonction de divertir mais elle a aussi un but moral.* « L'emploi de la comédie est de corriger les vices des hommes » *écrit-il dans une de ses préfaces.*

Dans Le Bourgeois gentilhomme *Molière nous présente Monsieur Jourdain, un bourgeois parisien riche mais ignorant qui veut se faire gentilhomme. Pour arriver à ce but Monsieur Jourdain engage des maîtres pour apprendre la danse, la musique, les armes et la philosophie. Tous ces maîtres exploitent la naïveté et les prétentions de leur élève et espèrent devenir riches en le flattant. La scène que vous allez lire représente la première leçon de philosophie de Monsieur Jourdain.*

4 enrager être furieux

Le Bourgeois gentilhomme (Acte II, scène iv)

MAÎTRE DE PHILOSOPHIE   Venons à notre leçon. ... Que
voulez-vous apprendre?

MONSIEUR JOURDAIN   Tout ce que je pourrai, car j'ai toutes
les envies du monde[1] d'être savant, et j'enrage que mon
père et ma mère ne m'aient pas fait bien étudier dans 5
toutes les sciences,[2] quand j'étais jeune.

MAÎTRE DE PHILOSOPHIE   Ce sentiment est raisonnable. *Nam
sine doctrina vita est quasi mortis imago.* Vous entendez
cela, et vous savez le latin sans doute?

MONSIEUR JOURDAIN   Oui, mais faites comme si je ne le 10
savais pas. Expliquez-moi ce que cela veut dire.

MAÎTRE DE PHILOSOPHIE   Cela veut dire que sans la science
la vie est presque une image de la mort.

MONSIEUR JOURDAIN   Ce latin-là a raison.

MAÎTRE DE PHILOSOPHIE   N'avez-vous point quelques prin- 15
cipes, quelques commencements des sciences?

MONSIEUR JOURDAIN   Oh! oui, je sais lire et écrire.

[1] **j'ai toutes les envies du monde**   j'ai très envie
[2] **toutes les sciences**   toutes les matières académiques

9 **concevoir**   comprendre
14 **rébarbatif (rébarbative)**   très désagréable *repulsive*
17 **la morale**   *ici:* l'éthique

MAÎTRE DE PHILOSOPHIE   Par où vous plaît-il que nous commencions? Voulez-vous que je vous apprenne la logique[3]?

MONSIEUR JOURDAIN   Qu'est-ce que c'est que cette logique?

MAÎTRE DE PHILOSOPHIE   C'est elle qui enseigne les trois opérations de l'esprit.[4]   5

MONSIEUR JOURDAIN   Qui sont-elles, ces trois opérations de l'esprit?

MAÎTRE DE PHILOSOPHIE   La première, la seconde et la troisième. La première est de bien concevoir par le moyen des universaux[5]; la seconde, de bien juger par le 10 moyen des catégories; et la troisième, de bien tirer une conséquence par le moyen des figures. *Barbara, Celarent, Darii, Ferio, Baralipton,*[6] etc.

MONSIEUR JOURDAIN   Voilà des mots qui sont trop rébarbatifs. Cette logique-là ne me revient point.[7] Apprenons autre 15 chose qui soit plus joli.

MAÎTRE DE PHILOSOPHIE   Voulez-vous apprendre la morale?

MONSIEUR JOURDAIN   La morale?

MAÎTRE DE PHILOSOPHIE   Oui.

MONSIEUR JOURDAIN   Qu'est-ce qu'elle dit, cette morale?   20

MAÎTRE DE PHILOSOPHIE   Elle traite de la félicité, enseigne aux hommes à modérer leurs passions, et ...

MONSIEUR JOURDAIN   Non, laissons cela. Je suis bilieux comme tous les diables; et il n'y a morale qui tienne,[8] je

[3] **la logique**   *La logique, la morale et la physique sont des subdivisions du domaine de la philosophie, d'après Aristote.*

[4] **les trois opérations de l'esprit**   *Les trois opérations de l'esprit, les universaux, les catégories et les figures, font partie de la terminologie de la philosophie scolastique.*

[5] **par le moyen des universaux**   en faisant usage des universaux

[6] **Barbara ... Baralipton**   *Ces termes désignent les figures de syllogisme et font partie du jargon de la logique.*

[7] **ne me revient point** (*fam.*)   ne me plaît pas

[8] **il n'y a morale qui tienne**   je me moque de la morale

10 **la pierre**   un morceau de roc

11–12 **l'arc-en-ciel**   les sept couleurs du spectre qu'on voit dans le ciel
après la pluie   *rainbow*

12 **l'éclair** *(m.)*   un éclat de lumière pendant un orage   *flash* / *storm*

13 **le tonnerre**   un bruit éclatant pendant un orage

13 **la foudre**   une décharge électrique pendant un orage *thunderbolt*

13 **la grêle**   la pluie congelée qui tombe par grains   *hail*

14 **le tourbillon**   un vent impétueux qui tourne en rond   *whirlwind*

15 **le tintamarre**   un grand bruit confus   *din* / *noise*

16 **le brouillamini**   la confusion, le désordre   *confusion*

24 **soit**   je le veux bien; d'accord

26 **selon**   d'après

28 **avoir à**   devoir

to loose one's temper

[me veux mettre en colère] tout mon soûl,[9] quand il m'en
prend envie.

MAÎTRE DE PHILOSOPHIE   Est-ce la physique que vous voulez
apprendre?

MONSIEUR JOURDAIN   Qu'est-ce qu'elle chante,[10] *dit* cette phy- 5
sique?

MAÎTRE DE PHILOSOPHIE   La physique est celle qui explique
les principes des choses naturelles et les propriétés du
corps; *body* qui discourt de la nature des éléments, des métaux,
des minéraux, des pierres, des plantes et des animaux, 10
et nous enseigne les causes de tous les météores, l'arc-
en-ciel, les feux volants,[11] *shooting stars* les comètes, les éclairs, le *lightning*
tonnerre, la foudre, la pluie, la neige, la grêle, les vents
et les tourbillons.

MONSIEUR JOURDAIN   Il y a trop de tintamarre là-dedans, trop 15
de brouillamini. *= dans les mots / bouche*
confusion
MAÎTRE DE PHILOSOPHIE   Que voulez-vous donc que je vous
apprenne?

MONSIEUR JOURDAIN   Apprenez-moi l'orthographe. *spelling*

MAÎTRE DE PHILOSOPHIE   Très volontiers. *with pleasure* 20

MONSIEUR JOURDAIN   Après vous m'apprendrez l'almanach, *calendar*
pour savoir quand il y a de la lune et quand il n'y en a
point. *agreed*

MAÎTRE DE PHILOSOPHIE   Soit. Pour bien suivre votre pensée
et traiter cette matière en philosophe, il faut commencer, 25
selon l'ordre des choses, par une exacte connaissance de
la nature des lettres et de la différente manière de les
prononcer toutes. Et là-dessus j'ai à vous dire que les

[9] **tout mon soûl** (*fam.*) autant que je désire
[10] **Qu'est-ce qu'elle chante** (*fam.*)   qu'est-ce qu'elle dit
[11] **les feux volants** (**les feux follets**) *des flammes légères et fugitives que l'on
voit parfois dans l'air* Will-o-the wisp

11 **la mâchoire**   l'os du visage qui supporte les dents *jaw*
29 **joindre**   rapprocher deux choses de manière à ce qu'elles se
touchent

lettres sont divisées en voyelles, ainsi dites voyelles parce qu'elles expriment les voix; et en consonnes, ainsi appelées consonnes parce qu'elles sonnent avec les voyelles, et ne font que marquer les diverses articulations des voix. Il y a cinq voyelles ou voix: *A, E, I, O, U.*   5

MONSIEUR JOURDAIN   J'entends tout cela.

MAÎTRE DE PHILOSOPHIE   La voix *A* se forme en ouvrant fort la bouche: *A.*

MONSIEUR JOURDAIN   *A, A,* oui.

MAÎTRE DE PHILOSOPHIE   La voix *E* se forme en rapprochant   10 la mâchoire d'en bas de celle d'en haut: *A, E.*

MONSIEUR JOURDAIN   *A, E; A, E.* Ma foi, oui. Ah! que cela est beau!

MAÎTRE DE PHILOSOPHIE   Et la voix *I,* en rapprochant encore davantage les mâchoires l'une de l'autre, et écartant les   15 deux coins de la bouche vers les oreilles: *A, E, I.*

MONSIEUR JOURDAIN   *A, E, I, I, I, I.* Cela est vrai. Vive la science!

MAÎTRE DE PHILOSOPHIE   La voix *O* se forme en rouvrant les mâchoires et rapprochant les lèvres par les deux coins,   20 le haut et le bas: *O.*

MONSIEUR JOURDAIN   *O, O.* Il n'y a rien de plus juste. *A, E, I, O, I, O.* Cela est admirable. *I, O, I, O.*

MAÎTRE DE PHILOSOPHIE   L'ouverture de la bouche fait justement comme un petit rond qui représente un *O.*   25

MONSIEUR JOURDAIN   *O, O, O.* Vous avez raison. *O.* Ah! la belle chose que de savoir quelque chose[12]!

MAÎTRE DE PHILOSOPHIE   La voix *U* se forme en rapprochant les dents sans les joindre entièrement, et allongeant les

---

[12] **Ah! la belle chose que de savoir quelque chose** que c'est une belle chose de savoir quelque chose

4 **allonger**   rendre plus long
5 **faire la moue**   faire une grimace de mécontentement *to pout*
19 **appuyer**   presser
24 **frôler**   toucher légèrement
25 **céder**   cesser de s'opposer à
29 **habile**   celui qui fait facilement les choses, adroit *skillful*

deux lèvres en dehors, les approchant aussi l'une de l'autre sans les joindre tout à fait: *U*.

MONSIEUR JOURDAIN   *U, U*. Il n'y a rien de plus véritable, U.

MAÎTRE DE PHILOSOPHIE   Vos deux lèvres s'allongent comme si vous faisiez la moue, d'où vient que, si vous la voulez 5 faire à quelqu'un et vous moquer de lui, vous ne sauriez lui dire que *U*.

MONSIEUR JOURDAIN   *U, U*. Cela est vrai. Ah! que n'ai-je étudié[13] plus tôt, pour savoir tout cela!

MAÎTRE DE PHILOSOPHIE   Demain nous verrons les autres 10 lettres, qui sont les consonnes.

MONSIEUR JOURDAIN   Est-ce qu'il y a des choses aussi curieuses qu'à celles-ci?

MAÎTRE DE PHILOSOPHIE   Sans doute. La consonne *D*, par exemple, se prononce en donnant du bout de la langue 15 au-dessus des dents d'en haut: *Da*.

MONSIEUR JOURDAIN   *Da, Da*. Oui. Ah! les belles choses, les belles choses!

MAÎTRE DE PHILOSOPHIE   L'*F*, en appuyant les dents d'en haut sur la lèvre de dessous: *Fa*.   20

MONSIEUR JOURDAIN   *Fa, Fa*. C'est la vérité. Ah! mon père et ma mère, que je vous veux de mal!

MAÎTRE DE PHILOSOPHIE   Et l'*R* en portant le bout de la langue jusqu'au haut du palais; de sorte, qu'étant frôlée par l'air qui sort avec force, elle lui cède et revient tou- 25 jours au même endroit, faisant une manière de tremble-ment: *R, ra*.

MONSIEUR JOURDAIN   *R, r, ra; R, r, r, r, r, ra*. Cela est vrai. Ah! l'habile homme que vous êtes et que j'ai perdu de temps. *R, r, r, ra*.   30

[13] **que n'ai-je étudié**   pourquoi n'ai-je pas étudié

Exercices de vocabulaire

A. *Faites une phrase avec chacun des verbes suivants pour montrer que vous comprenez bien la différence entre:*

ouvrir   *et*   rouvrir
approcher   *et*   rapprocher
apprendre   *et*   rapprendre
appeler   *et*   rappeler

B. *Trouvez les substantifs qui correspondent aux verbes suivants:*

1. ouvrir
2. couvrir
3. fermer
4. connaître
5. reconnaître
6. naître
7. finir
8. choisir
9. discourir

C. *Trouvez un synonyme de:*

1. la félicité
2. le tintamarre
3. comprendre
4. vouloir dire
5. avoir envie de

D. *Trouvez un antonyme de:*

1. la félicité   2. savant   3. l'ordre   4. fort   5. écarter

Questionnaire

1. Pourquoi Monsieur Jourdain engage-t-il le Maître de Philosophie?
2. Quelles matières ce maître enseigne-t-il?
3. Pourquoi Monsieur Jourdain n'a-t-il pas étudié pendant sa jeunesse?
4. Que sait faire Monsieur Jourdain?
5. Qu'est-ce que la logique? la morale? la physique?
6. Pourquoi Monsieur Jourdain ne veut-il pas apprendre ces sciences?
7. Qu'est-ce que Monsieur Jourdain veut apprendre?
8. Combien de consonnes y a-t-il en français? combien de voyelles? Quelles sont-elles?

9. Relevez trois répliques qui montrent l'ignorance de Monsieur Jourdain.
10. Le Maître de Philosophie se moque-t-il de Monsieur Jourdain?

Lecture dramatique

L'élève qui lit le rôle de Monsieur Jourdain doit faire sentir l'ignorance et la naïveté de celui-ci tandis que le Maître de Philosophie doit paraître pompeux. Pendant la lecture faites attention de bien articuler les voyelles et les consonnes qui font partie de la leçon de phonétique de Monsieur Jourdain.

Le Bourgeois gentilhomme

(Acte II, scène iv [fin])

MOLIÈRE

« LE BOURGEOIS GENTILHOMME *est un des plus heureux
sujets de comédie que le ridicule des hommes ait jamais pu
fournir. La vanité, attribut de l'espèce humaine, fait que les
princes prennent le titre de roi, que les grands Seigneurs
veulent être princes... Cette faiblesse est précisément la
même que celle d'un bourgeois qui veut être homme de qualité; mais la folie du bourgeois est la seule qui soit comique
et qui puisse faire rire au théâtre: ce sont les extrêmes dis-
proportions des manières et du langage d'un homme avec
les airs et les discours qu'il veut affecter qui font un ridicule
plaisant. »*

—VOLTAIRE, Sommaire des pièces de Molière

Le Bourgeois gentilhomme *(Acte II, scène iv [fin])*

MAÎTRE DE PHILOSOPHIE Je vous expliquerai à fond toutes ces curiosités.

MONSIEUR JOURDAIN Je vous en prie.[1] Au reste, il faut que je vous fasse une confidence. Je suis amoureux d'une personne de grande qualité, et je souhaiterais que vous 5 m'aidassiez[2] à lui écrire quelque chose dans un petit billet que je veux laisser tomber à ses pieds.

MAÎTRE DE PHILOSOPHIE Fort bien.

MONSIEUR JOURDAIN Cela sera galant, oui.

MAÎTRE DE PHILOSOPHIE Sans doute. Sont-ce des vers que 10 vous lui voulez écrire?

MONSIEUR JOURDAIN Non, non, point de vers.

MAÎTRE DE PHILOSOPHIE Vous ne voulez que de la prose?

MONSIEUR JOURDAIN Non, je ne veux ni prose ni vers.

MAÎTRE DE PHILOSOPHIE Il faut bien que ce soit l'un ou 15 l'autre.

MONSIEUR JOURDAIN Pourquoi?

[1] **Je vous en prie** s'il vous plaît
[2] **aidassiez** *imparfait du subjonctif du verbe* **aider**

111

11 **la pantoufle**   une chaussure que l'on porte à la maison *slipper*

14 **par ma foi!**   en vérité!

20 **gentiment**   *dans ce contexte:* d'une manière élégante

22 **réduire**   diminuer

22 **la cendre**   le résidu d'une combustion complète

27 **étendre**   *ici:* développer   *to stretch*

30 **à la mode**   *ici:* de façon élégante

MAÎTRE DE PHILOSOPHIE   Par la raison, Monsieur, qu'il n'y a
pour s'exprimer que la prose ou les vers.

MONSIEUR JOURDAIN   Il n'y a que la prose ou les vers?

MAÎTRE DE PHILOSOPHIE   Non, Monsieur: tout ce qui n'est
point prose est vers; et tout ce qui n'est point vers est   5
prose.

MONSIEUR JOURDAIN   Et comme l'on parle, qu'est-ce que
c'est donc que cela?

MAÎTRE DE PHILOSOPHIE   De la prose.

MONSIEUR JOURDAIN   Quoi! quand je dis: « Nicole, apportez-   10
moi mes pantoufles, et me donnez[3] mon bonnet de nuit »,
c'est de la prose?

MAÎTRE DE PHILOSOPHIE   Oui, Monsieur.

MONSIEUR JOURDAIN   Par ma foi! Il y a plus de quarante ans
que je dis de la prose sans que j'en susse[4] rien; et je vous   15
suis le plus obligé du monde de m'avoir appris cela. Je
voudrais donc lui mettre dans un billet: *Belle Marquise,
vos beaux yeux me font mourir d'amour*; mais je voudrais
que cela fût mis d'un manière galante, que ce fût tourné
gentiment.   20

MAÎTRE DE PHILOSOPHIE   Mettre que les feux de ses yeux
réduisent votre coeur en cendres; que vous souffrez nuit
et jour pour elle les violences d'un ...

MONSIEUR JOURDAIN   Non, non, non, je ne veux point tout
cela; je ne veux que ce que je vous ai dit: *Belle Marquise,*   25
vos beaux yeux me font mourir d'amour.

MAÎTRE DE PHILOSOPHIE   Il faut bien étendre un peu la
chose.

MONSIEUR JOURDAIN   Non, vous dis-je, je ne veux que ces
seules paroles-là dans le billet, mais tournées à la mode,   30

[3] **me donnez**   donnez-moi
[4] **susse**   *imparfait du subjonctif du verbe* **savoir**

17 **du premier coup**   immédiatement, sans effort

bien arrangées comme il faut. Je vous prie de me dire un *please* peu, pour voir, les diverses manières dont on les peut mettre.

MAÎTRE DE PHILOSOPHIE   On les peut mettre premièrement comme vous avez dit: *Belle Marquise, vos beaux yeux me* 5 *font mourir d'amour.* Ou bien: *D'amour mourir me font, belle Marquise, vos beaux yeux.* Ou bien: *Vos yeux beaux d'amour me font, belle Marquise, mourir.* Ou bien: *Mourir vos beaux yeux, belle Marquise, d'amour me font.* Ou bien: *Me font vos yeux beaux mourir, belle Marquise,* 10 *d'amour.*

MONSIEUR JOURDAIN   Mais de toutes ces façons-là, laquelle est la meilleure?

MAÎTRE DE PHILOSOPHIE   Celle que vous avez dite: *Belle Marquise, vos beaux yeux me font mourir d'amour.*   15

MONSIEUR JOURDAIN   Cependant je n'ai point étudié, et j'ai *nevertheless* fait cela tout du premier coup. Je vous remercie de tout *to thank* mon coeur, et vous prie de venir demain de bonne heure.

MAÎTRE DE PHILOSOPHIE   Je n'y manquerai pas.[5]

MOLIÈRE

Questionnaire

1. Quelle confidence Monsieur Jourdain fait-il au Maître de Philosophie?
2. Comment Monsieur Jourdain veut-il donner son billet à la Marquise?
3. Quelle sorte de billet veut-il écrire?
4. Veut-il que son billet soit en vers ou en prose?
5. Monsieur Jourdain connaît-il la différence entre la prose et les vers? Quelle est cette différence?
6. Qu'est-ce qui étonne Monsieur Jourdain?
7. Qu'est-ce que Monsieur Jourdain veut écrire à la belle Marquise?

[5] **Je n'y manquerai pas**   je le ferai certainement

USED

8. De quelles façons différentes peut-on tourner cette phrase?
9. Pourquoi Monsieur Jourdain se réjouit-il à la fin de cette scène?
10. D'après la scène entière (leçons 17 et 18) que savez-vous de la société française au XVIIᵉ siècle?

Le comique de Molière

A. *Comique de farce:*

1. Qu'est-ce qu'une farce?
2. Quels éléments de farce trouvez-vous dans la scène du *Bourgeois gentilhomme* que vous venez de lire?

B. *Comique de mots:*

1. Trouvez quelques exemples de comique verbal dans cette scène.
2. Qu'est-ce que le langage précieux?
3. Comparez le langage précieux de la phrase suggérée par le Maître (page 113, lignes 21–23) aux mots simples de la phrase de Monsieur Jourdain.

C. *Comique de caractère:*

1. Comment Molière se moque-t-il de Monsieur Jourdain et du Maître de Philosophie?
2. Pourquoi fait-il la satire de ces deux personnages?
3. Y a-t-il un côté sérieux dans cette comédie?

Exposé oral

Cette scène écrite au XVIIᵉ siècle est-elle toujours drôle aujourd'hui? Pourquoi?

Composition écrite

Le Maître de Philosophie parle à un collègue de son nouvel élève, Monsieur Jourdain.

Les Lettres persanes *(Lettre XCIX)*

MONTESQUIEU (1689–1755)

CHARLES DE SECONDAT, *baron de la Brède et de Montesquieu, grand historien et philosophe du XVIIIe siècle, doit surtout sa renommée à son livre* L'Esprit des lois *(1748). Cette oeuvre d'importance capitale fut admirée par tous les esprits libéraux de l'Europe et influença beaucoup les auteurs de la* Constitution des États-Unis. *Montesquieu commença sa carrière littéraire en 1721 avec* Les Lettres persanes. *Profitant de la vogue orientale du début du XVIIIe siècle, Montesquieu écrivit ce roman épistolaire dans lequel il donne les impressions de deux Persans qui voyagent en Europe. Les réactions, souvent naïves et amusantes de ces deux voyageurs, constituent une critique osée des moeurs et des coutumes françaises de l'époque.*

1–2 **étonnant(e)** surprenant
7 **l'habillement** *(m.)* les vêtements en général
7 **la parure** un ornement porté par les femmes *strings of pearls, etc.*
8 **détruire** ruiner
8 **l'ouvrage** *(m.)* le travail
8–9 **l'ouvrier** *(m.)* une personne qui fait un travail manuel
⑬**méconnaître** *ici:* ne pas reconnaître *to fail to recognize*
13 **l'habit** *(m.)* l'ensemble des vêtements que porte une personne *dress*
14 **paraître** sembler
14 **étranger (étrangère)** celui qui est d'une autre nation
17 **insensiblement** sans qu'on le remarque *imperceptibly*

DIX-NEUVIÈME LEÇON

Les Lettres persanes (*Lettre XCIX*)

JE TROUVE les caprices de la mode, chez les Français, éton-
nants. Ils ont oublié comment ils étaient habillés cet été; ils
ignorent encore plus comment ils le seront[1] cet hiver. Mais,
surtout, on ne saurait[2] croire combien il en coûte à un mari[3]
pour mettre sa femme à la mode.   5
   Que me servirait de te faire une description exacte de leur
habillement et de leurs parures? Une mode nouvelle vien-
drait détruire tout mon ouvrage, comme celui de leurs ou-
vriers, et, avant que tu n'eusses reçu[4] ma lettre, tout serait
changé.   10
   Une femme qui quitte Paris pour aller six mois à la campagne en revient aussi antique que si elle s'y était oubliée
trente ans. Le fils méconnaît le portrait de sa mère, tant l'habit
avec lequel elle est peinte lui paraît étranger; il s'imagine
que c'est quelque Américaine qui y est représentée, ou que   15
le peintre a voulu exprimer quelqu'une[5] de ses fantaisies.
   Quelquefois les coiffures montent insensiblement, et une
révolution les fait descendre tout à coup. Il a été un temps
que[6] leur hauteur immense mettait le visage d'une femme au
milieu d'elle-même. Dans un autre, c'était les pieds qui occu- 20

[1] **comment ils le seront**   comment ils seront habillés
[2] **saurait**   pourrait
[3] **combien il en coûte à un mari**   combien d'argent un mari dépense
[4] **eusses reçu**   *plus-que-parfait du subjonctif du verbe* **recevoir**
[5] **quelqu'une**   une
[6] **Il a été un temps que**   il y a eu un temps où

1 **le talon**   la partie d'un soulier sur laquelle repose l'arrière du pied *heel*
3 **hausser**   élever, rendre plus haut
3 **baisser**   rendre plus bas
3 **élargir**   rendre plus large
4 **exiger**   nécessiter
5 **asservir**   réduire à une dépendance extrême *to enslave*
7 **la mouche**   *ici:* une petite marque noire que les femmes se mettent au visage par coquetterie
8 **autrefois**   dans le passé
10 **le mauvais plaisant**   le farceur, celui qui fait rire aux dépens des autres   *joker*
13 **les moeurs** *(f. pl.)*   les habitudes, les usages
14 **parvenir**   arriver, réussir   *to attain / reach*
15 **entreprendre**   prendre la résolution de faire une chose et la commencer   *to undertake*
15 **imprimer**   marquer
17 **l'âme** *(f.)*   *ici:* les qualités morales
17 **le moule**   *ici:* le modèle

paient cette place: les talons faisaient un piédestal, qui les[7] tenaient en l'air. Qui pourrait le croire? Les architectes ont été souvent obligés de hausser, de baisser et d'élargir les portes, selon que les parures des femmes exigeaient d'eux ce changement, et les règles de leur art ont été asservies à ces 5 caprices. On voit quelquefois sur un visage une quantité prodigieuse de mouches, et elles disparaissent toutes le lendemain. Autrefois, les femmes avaient de la taille et des dents; aujourd'hui, il n'en est pas question. Dans cette changeante nation, quoi qu'en disent les mauvais plaisants, 10 les filles se trouvent autrement faites que leurs mères.

Il en est[8] des manières et de la façon de vivre comme des modes; les Français changent de moeurs selon l'âge de leur roi. Le Monarque pourrait même parvenir à rendre la Nation grave, s'il l'avait entrepris. Le Prince[9] imprime le caractère 15 de son esprit à la Cour[10]; la Cour, à la Ville[11]; la Ville, aux provinces. L'âme du Souverain est un moule qui donne la forme à toutes les autres.

MONTESQUIEU

Exercices de vocabulaire

A. *Trouvez six mots (verbes, adjectifs, substantifs) de la même famille que le verbe* servir. *Faites une phrase avec chacun de ces mots.*

B. *Faites des phrases montrant que vous comprenez bien la différence entre:*

connaître	et	méconnaître
content	et	mécontent
prendre	et	méprendre
dire	et	médire

[7] **les**   *les femmes*
[8] **Il en est**   *la même chose est vraie*
[9] **Le Prince**   *le Monarque*
[10] **la Cour**   *la cour de Versailles où habitaient le roi et les nobles*
[11] **la Ville**   *la ville de Paris*

Questionnaire

1. Qu'est-ce que l'auteur trouve étonnant?
2. Qu'est-ce que les Français ignoraient, d'après Montesquieu?
3. Pourquoi l'auteur ne fait-il pas une description exacte des vêtements et des parures des Français?
4. Qu'est-ce qui arrivait quand une dame s'absentait de Paris pendant six mois?
5. Pourquoi un fils ne reconnaissait-il pas le portrait de sa mère?
6. D'après l'auteur, qu'est-ce qui faisait monter et descendre les coiffures?
7. Pourquoi Montesquieu dit-il que le visage d'une dame était quelquefois au milieu de son corps?
8. À quoi compare-t-il les talons très hauts que les dames portaient?
9. Quelle influence la mode avait-elle sur l'architecture?
10. Pourquoi les filles ne ressemblaient-elles pas à leurs mères?
11. Est-ce que les Français changeaient de moeurs comme ils changeaient de modes?
12. Quel rôle le roi jouait-il?

Explication de texte

1. Quel est le thème principal de cette lettre?
2. Divisez le texte en trois parties et résumez chacune d'elles brièvement.
3. Le ton ironique des deux premières parties est basé sur l'exagération. Donnez-en trois exemples.
4. Comment le ton change-t-il dans le dernier paragraphe? Quelles conclusions sérieuses Montesquieu tire-t-il de son commentaire amusant sur la mode chez les Français?

Composition écrite

*Dans le texte que vous venez d'étudier, Montesquieu critique
la mode et les moeurs en France au début du XVIIIe siècle.
Peut-on faire une critique semblable des États-Unis au XXe
siècle?*

Le Lac

ALPHONSE DE LAMARTINE (1790–1869)

DANS *son premier recueil Les Méditations poétiques (1820)
dont « Le Lac » fait partie, le poète romantique Alphonse de
Lamartine s'inspire d'un grand amour brisé. En 1816 Lamartine fit la connaissance de Madame Charles dont il tomba
éperdument amoureux. Les amants devaient se retrouver au
lac du Bourget l'année suivante mais Madame Charles,
gravement malade, ne put s'y rendre et mourut quelques mois
plus tard. Dans « Le Lac » le poète pleure cet amour perdu.*
  *Le lyrisme personnel, les extases de l'amour, la mélancolie
et les rapports étroits entre le poète et la nature sont les
thèmes caractéristiques de l'oeuvre de Lamartine.*

Le Lac

Aɪɴsɪ, toujours poussés vers de nouveaux rivages,
Dans la nuit éternelle emportés sans retour,
Ne pourrons-nous jamais sur l'océan des âges
  Jeter l'ancre un seul jour?

Ô lac! l'année à peine a fini sa carrière,   5
Et près des flots chéris qu'elle devait revoir,
Regarde! je viens seul m'asseoir sur cette pierre
  Où tu la vis s'asseoir!

Tu mugissais ainsi sous ces roches profondes;
Ainsi tu te brisais sur leurs flancs déchirés;   10
Ainsi le vent jetait l'écume de tes ondes
  Sur ses pieds adorés.

Un soir, t'en souvient-il[1]? nous voguions en silence;
On n'entendait au loin, sur l'onde et sous les cieux,
Que le bruit des rameurs qui frappaient en cadence 15
  Tes flots harmonieux.

Tout à coup des accents inconnus à la terre
Du rivage charmé frappèrent les échos;
Le flot fut attentif, et la voix qui m'est chère
  Laissa tomber ces mots: 20

[1] t'en souvient-il t'en souviens-tu

1 **le vol**   *ici:* le passage rapide
7 **le soin**   *ici:* la préoccupation
10 **fuir**   *ici:* s'écouler rapidement
11 **l'aurore** *(f.)*   la lumière qui précède le lever du soleil
14 **se hâter**   se dépêcher
14 **jouir**   être heureux par la possession d'une chose
15 **la rive**   *ici:* la limite
25 **le néant**   le vide, rien
25 **l'abîme** *(m.)*   *ici:* le temps infini
26 **engloutir**   *ici:* faire disparaître
28 **ravir**   enlever de force

« Ô temps, suspends ton vol! et vous, heures propices,
        Suspendez votre cours!
Laissez-nous savourer les rapides délices
        Des plus beaux de nos jours!

» Assez de malheureux ici-bas vous implorent: 5
        Coulez, coulez pour eux;
Prenez avec leurs jours les soins qui les dévorent;
        Oubliez les heureux.

» Mais je demande en vain quelques moments encore,
        Le temps m'échappe et fuit;   10
Je dis à cette nuit: « Sois plus lente », et l'aurore
        Va dissiper la nuit.

» Aimons donc, aimons donc! de l'heure fugitive,
        Hâtons-nous, jouissons!
L'homme n'a point de port, le temps n'a point de rive;   15
        Il coule, et nous passons! »

Temps jaloux, se peut-il que ces moments d'ivresse,
Où l'amour à longs flots nous verse le bonheur,
S'envolent loin de nous de la même vitesse
        Que les jours de malheur?   20

Hé quoi! n'en[2] pourrons-nous fixer au moins la trace?
Quoi! passés pour jamais? quoi! tout entiers perdus?
Ce temps qui les donna, ce temps qui les efface,
        Ne nous les rendra plus?

Éternité, néant, passé, sombres abîmes,   25
Que faites-vous des jours que vous engloutissez?
Parlez: nous rendrez-vous ces extases sublimes
        Que vous nous ravissez?

[2] **en**   de ces moments d'ivresse

1 **muet(te)**   celui qui ne parle pas

2 **épargner**   *ici:* conserver

6 **riant(e)**   *ici:* agréable à la vue; gai

6 **le coteau**   une élévation de terrain

7 **le sapin**   un arbre qui ne perd jamais ses feuilles

8 **pendre**   être suspendu

9 **le zéphyr**   un vent doux et agréable

9 **frémir**   être agité par un léger tremblement

13 **gémir**   exprimer sa peine par des sons plaintifs

13 **le roseau**   une plante longue et mince qui vit dans l'eau

13 **soupirer**   respirer d'une façon forte et prolongée

14 **embaumé(e)**   parfumé

Ô lac! rochers muets! grottes! forêt obscure!
Vous que le temps épargne ou qu'il peut rajeunir,
Gardez de cette nuit, gardez, belle nature,
    Au moins le souvenir!

Qu'il[3] soit dans ton repos, qu'il soit dans tes orages,   5
Beau lac, et dans l'aspect de tes riants coteaux,
Et dans ces noirs sapins, et dans ces rocs sauvages
    Qui pendent sur tes eaux!

Qu'il soit dans le zéphyr qui frémit et qui passe,
Dans les bruits de tes bords par tes bords répétés,[4]   10
Dans l'astre au front d'argent[5] qui blanchit ta surface
    De ses molles clartés!

Que[6] le vent qui gémit, le roseau qui soupire,[7]
Que les parfums légers de ton air embaumé,
Que tout ce qu'on entend, l'on voit ou l'on respire,   15
    Tout dise: « Ils ont aimé. »

ALPHONSE DE LAMARTINE

Exercices de vocabulaire

A. *Trouvez les verbes qui correspondent aux substantifs suivants:*

1. le retour   3. le vol   5. le repos
2. le frémissement   4. la hâte

B. *Trouvez l'adverbe qui correspond aux adjectifs suivants:*

1. seul   2. profond   3. attentif   4. entier   5. léger

[3] **il** le souvenir
[4] **Dans les bruits ... répétés** *allusion aux échos*
[5] **l'astre au front d'argent** la lune
[6] **Que** *La conjonction* que, *répétée trois fois, introduit l'exhortation du dernier vers:* « Que tout dise ... »
[7] **le vent qui gémit, le roseau qui soupire** *Toute la nature souffre avec le poète. Le vent dans les roseaux exprime sa douleur par des sons plaintifs.*

C. *Trouvez l'adjectif qui correspond aux substantifs suivants:*

1. le silence   3. le malheur   5. la nature
2. les délices   4. l'éternité

Questionnaire

Première partie (strophes 1–5):

1. Quelle idée le poète exprime-t-il dans la première strophe?
2. Expliquez les vers:

> Ne pourrons-nous jamais sur l'océan des âges
> Jeter l'ancre un seul jour?

3. À qui le poète s'adresse-t-il dans cette partie du poème?
4. Quels souvenirs de bonheur le poète évoque-t-il dans ces strophes?
5. Dans la troisième strophe, comment Lamartine indique-t-il que le lac n'a pas changé depuis l'année précédente?

Deuxième partie (strophes 6–9):

6. Pourquoi Lamartine change-t-il de rythme dans ces strophes?
7. D'après ces strophes, quelle est votre impression de la bien-aimée du poète?
8. Expliquez les vers suivants:

> »Aimons donc, aimons donc! de l'heure fugitive,
> Hâtons-nous, jouissons!

Troisième partie (strophes 10–12):

9. Expliquez l'image « Temps jaloux ».
10. De quels verbes Lamartine se sert-il pour montrer que le temps dévore les jours?

Quatrième partie (strophes 13–16):

11. À qui le poète s'adresse-t-il maintenant?

12. En quoi la nature diffère-t-elle de l'homme, d'après ces strophes?

13. Quel espoir le poète trouve-t-il dans la nature?

14. Résumez le thème principal du poème.

Exercices oraux

A. *Lisez « Le Lac » à haute voix.*

B. *Apprenez une partie du poème par coeur.*

Composition écrite

Dans une lettre à un ami, Lamartine décrit sa visite au lac du Bourget et ses souvenirs de Madame Charles.

La Parure

GUY DE MAUPASSANT (1850–1893)

CONTEUR *et romancier naturaliste, Guy de Maupassant se proposa comme but littéraire de raconter ce qu'il avait vu. Son oeuvre est celle d'un observateur fidèle et impersonnel qui peint avec objectivité « l'humble vérité ». Il décrit la société de son temps: les paysans de la Normandie où il avait passé sa jeunesse, les employés de ministère à Paris, les bourgeois riches, les gens du monde — cherchant toujours à présenter la vie telle qu'il la voyait: banale et souvent cruelle.*

« La Parure » est un excellent exemple de l'art de Maupassant.

3 **la dot**   les biens qu'une femme apporte en mariage *dowry*
5 **le commis**   un employé
7 **paré(e)**   couvert d'ornements *adorned*
15 **l'usure** *(f.)*   *ici:* la détérioration
15 **le siège**   tout meuble servant à s'asseoir
16 **l'étoffe** *(f.)*   un tissu de coton, de laine, de soie, etc. *fabric*
18–19 **faire le ménage**   faire des travaux domestiques
20 **éperdu(e)**   *ici:* sans fin
21 **capitonné(e)**   *ici:* recouvert
21 **la tenture**   une tapisserie que l'on met sur le mur
22 **la torchère**   une sorte de lampe
23 **assoupi(e)**   *ici:* endormi

VINGT ET UNIÈME LEÇON

La Parure

C'ÉTAIT une de ces jolies et charmantes filles, nées, comme
par une erreur du destin, dans une famille d'employés. Elle
n'avait pas de dot, pas d'espérances, aucun moyen d'être connue, comprise, aimée, épousée par un homme riche et dis-
tingué; et elle se laissa marier avec un petit commis du 5
Ministère de l'instruction publique.
  Elle fut simple ne pouvant être parée, mais malheureuse
comme une déclassée; car les femmes n'ont point de caste
ni de race, leur beauté, leur grâce et leur charme leur servant[1]
de naissance et de famille. Leur finesse native, leur instinct 10
d'élégance, leur souplesse d'esprit, sont leur seule hiérarchie,
et font des filles du peuple les égales des plus grandes dames.
  Elle souffrait sans cesse, se sentant née pour toutes les
délicatesses et tous les luxes. Elle souffrait de la pauvreté de
son logement, de la misère des murs, de l'usure des sièges, 15
de la laideur des étoffes. Toutes ces choses, dont une autre
femme de sa caste ne se serait même pas aperçue, la tortu-
raient et l'indignaient. La vue de la petite Bretonne qui faisait
son humble ménage éveillait en elle des regrets désolés et
des rêves éperdus. Elle songeait aux antichambres muettes, 20
capitonnées avec des tentures orientales, éclairées par de
hautes torchères de bronze, et aux deux grands valets en
culotte courte qui dorment dans les larges fauteuils, assoupis

[1] **leur servant** servant aux femmes

1 **le calorifère**   un appareil de chauffage
3 **le bibelot**   un petit objet d'art
9 **découvrir**   *ici: antonyme* de couvrir
10 **le pot-au-feu**   la viande bouillie dans l'eau avec des légumes
11 **reluisant(e)**   ce qui brille
15 **chuchoter**   parler très bas ~~to whisper~~
16 **la chair**   la viande
16 **la truite**   une sorte de poisson *trout*
17 **la gelinotte**   une poule sauvage ~~hen~~ *grouse*
18 **la toilette**   *ici:* les vêtements élégants

par la chaleur lourde du calorifère. Elle songeait aux grands salons vêtus de soie ancienne, aux meubles fins portant des bibelots inestimables, et aux petits salons coquets parfumés, faits pour la causerie de cinq heures avec les amis les plus intimes, les hommes connus et recherchés dont toutes les 5 femmes envient et désirent l'attention.

Quand elle s'asseyait, pour dîner, devant la table ronde couverte d'une nappe de trois jours,[2] en face de son mari qui découvrait la soupière en déclarant d'un air enchanté: « Ah! le bon pot-au-feu! je ne sais rien de meilleur que cela … » 10 elle songeait aux dîners fins, aux argenteries reluisantes, aux tapisseries peuplant les murailles de personnages anciens et d'oiseaux étranges au milieu d'une forêt de féerie; elle songeait aux plats exquis servis en des vaisselles merveilleuses, aux galanteries chuchotées et écoutées avec un sourire de 15 sphinx, tout en mangeant la chair rose d'une truite ou des ailes de gelinotte.

Elle n'avait pas de toilettes, pas de bijoux, rien. Et elle n'aimait que cela; elle se sentait faite pour cela. Elle eût[3] tant désiré plaire, être enviée, être séduisante et recherchée.[4] 20

Elle avait une amie riche, une camarade de couvent qu'elle ne voulait plus aller voir, tant elle souffrait en revenant. Et elle pleurait pendant des jours entiers, de chagrin, de regret, de désespoir et de détresse.

Or, un soir, son mari rentra, l'air glorieux, et tenant à la 25 main une large enveloppe.

— Tiens, dit-il, voici quelque chose pour toi.

Elle déchira vivement le papier et en tira une carte imprimée qui portait ces mots:

« Le Ministre de l'instruction publique et Mme. Georges 30 Ramponneau prient M. et Mme. Loisel de leur faire l'honneur de venir passer la soirée à l'hôtel[5] du Ministère, le lundi 18 janvier. »

[2] **de trois jours** qui n'a pas été changée depuis trois jours
[3] **eût** aurait
[4] **recherchée** avoir beaucoup d'admirateurs
[5] **hôtel** grand édifice destiné à des établissements publics

1 **être ravi(e)**   être enchanté   *to delight*
2 **le dépit**   un mélange de colère et de chagrin   *resentment*
6 **la peine**   *ici:* la difficulté
12 **balbutier**   articuler avec hésitation   *to mumble*
17 **bégayer**   parler en répétant la même consonne ou la même syllabe   *stamm*
19 **dompter**   *ici:* vaincre   *to overcome*
23 **nippé(e)** *(fam.)*   habillé   *rigged out*
30 **effaré(e)**   surpris et effrayé   *to frighten / startle*
33 **au juste**   exactement

Au lieu d'être ravie, comme l'espérait son mari, elle jeta avec dépit l'invitation sur la table, murmurant:

— Que veux-tu que je fasse de cela?

— Mais, ma chérie; je pensais que tu serais contente. Tu ne sors jamais, et c'est une occasion, cela, une belle! J'ai eu 5 une peine infinie à l'obtenir. Tout le monde en veut; c'est très recherché et on n'en donne pas beaucoup aux employés. Tu verras là tout le monde officiel.

Elle le regardait d'un oeil irrité, et elle déclara avec impatience: 10

— Que veux-tu que je me mette sur le dos pour aller là?

Il n'y avait pas songé, il balbutia:

— Mais la robe avec laquelle tu vas au théâtre. Elle me semble très bien, à moi ...

Il se tut,[6] stupéfait, éperdu, en voyant que sa femme pleu- 15 rait. Deux grosses larmes descendaient lentement des coins des yeux vers les coins de la bouche; il bégaya:

— Qu'as-tu? qu'as-tu?

Mais, par un effort violent, elle avait dompté sa peine et elle répondit d'une voix calme en essuyant ses joues humides: 20

— Rien. Seulement je n'ai pas de toilette et par conséquent je ne peux aller à cette fête. Donne ta carte à quelque collègue dont la femme sera mieux nippée que moi.

Il était désolé. Il reprit:

— Voyons, Mathilde. Combien cela coûterait-il, une toilette 25 convenable, qui pourrait te servir encore en d'autres occasions, quelque chose de très simple?

Elle réfléchit quelques secondes, établissant ses comptes et songeant aussi à la somme qu'elle pouvait demander sans s'attirer un refus immédiat et une exclamation effarée du 30 commis économe.

Enfin, elle répondit en hésitant:

— Je ne sais pas au juste, mais il me semble qu'avec quatre cents francs je pourrais arriver.[7]

[6] **se tut** *du verbe* **se taire**
[7] **arriver** réussir (*à trouver une robe*)

2 **le fusil**   une arme à feu   *shotgun*
6 **tâcher**   essayer

Il avait un peu pâli, *to become pale* car il réservait juste cette somme pour
acheter un fusil et s'offrir des parties de chasse,[8] l'été suivant,
dans la plaine de Nanterre,[9] avec quelques amis qui allaient
tirer des alouettes,[10] *lark* par là, le dimanche.

Il dit cependant: 5

— Soit. Je te donne quatre cents francs. Mais tâche d'avoir
une belle robe.

Exercice de vocabulaire

*Faites des phrases avec les expressions suivantes. Traduisez
vos phrases en anglais:*

1. en face de
2. rien de meilleur   *nothing better*
3. au lieu de   *instead of*
4. tout le monde

5. quelque chose de *(masc., sing.)*
6. au juste *to the limit (adj.)*
7. faire le ménage *keep house*
8. tâcher de

Questionnaire

1. Pourquoi Maupassant dit-il que Madame Loisel était
   née « comme par une erreur du destin, dans une famille
   d'employés »?
2. Pourquoi était-elle malheureuse?
3. Selon Maupassant, quelle est la seule hiérarchie des
   femmes?
4. De quoi Madame Loisel souffrait-elle?
5. À quoi songeait-elle?
6. Son mari partageait-il ses rêves?
7. Pourquoi ne voyait-elle plus sa camarade de couvent?
8. Quelle invitation son mari a-t-il apportée un soir?
9. Pourquoi Madame Loisel n'était-elle pas contente de
   recevoir cette invitation si recherchée?

[8] **s'offrir des parties de chasse**   se permettre d'aller à la chasse
[9] **Nanterre**   *petite ville près de Paris*
[10] **tirer des alouettes**   chasser les alouettes avec un fusil

10. Combien d'argent a-t-elle demandé à son mari pour acheter une robe?
11. Qu'est-ce que le mari voulait faire de cet argent?
12. Pourquoi lui a-t-il donné l'argent pour acheter une robe?

Composition écrite

Le portrait de Monsieur Loisel — modèle d'un mari bourgeois.

13 **convaincre** persuader
17 **bête** stupide

La Parure (suite)

LE JOUR de la fête approchait, et Mme. Loisel semblait triste, inquiète, anxieuse. Sa toilette était prête cependant. Son mari lui dit un soir: *étrange / bizarre*
— Qu'as-tu? Voyons tu es toute drôle depuis trois jours.
Et elle répondit: *stone/gem* [5]
— Cela m'ennuie *annonus* de n'avoir pas un bijou, pas une pierre, rien à mettre sur moi. J'aurai l'air misère[1] comme tout. J'aimerais presque mieux ne pas aller à cette soirée.
Il reprit:
— Tu mettras des fleurs naturelles. C'est très chic en cette [10] saison-ci. Pour dix francs tu auras deux ou trois roses magnifiques.
Elle n'était point convaincue.
— Non... il n'y a rien de plus humiliant que d'avoir l'air pauvre au milieu de femmes riches. [15]
Mais son mari s'écria:
— Que tu es bête. Va trouver ton amie Mme. Forestier et demande-lui de te prêter des bijoux. Tu es bien assez liée[2] avec elle pour faire cela.
Elle poussa[3] un cri de joie: [20]
— C'est vrai. Je n'y avais point pensé.

[1] **l'air misère** l'air très pauvre
[2] **Tu es bien assez liée** tu es assez amie
[3] **poussa** fit entendre

   1 **se rendre**   *ici:* aller
   3 **l'armoire** *(f.)*   un meuble où l'on range les vêtements
 14 **la rivière**   *ici:* un collier de diamants
21–22 **avec emportement**   avec joie
 28 **grisé(e)**   légèrement ivre   *drunk*

Le lendemain, elle se rendit chez son amie et lui conta sa détresse.

Mme. Forestier alla vers son armoire à glace, prit un large coffret, l'apporta, l'ouvrit, et dit à Mme. Loisel:

— Choisis, ma chère. 5

Elle vit d'abord des bracelets, puis un collier de perles, puis une croix vénitienne, or et pierreries,[4] d'un admirable travail. Elle essayait les parures devant la glace, hésitait, ne pouvait se décider à les quitter, à les rendre. Elle demandait toujours: 10

— Tu n'as plus rien autre[5]?

— Mais si. Cherche. Je ne sais pas ce qui peut te plaire.

Tout à coup elle découvrit, dans une boîte de satin noir, une superbe rivière de diamants; et son coeur se mit à battre d'un désir immodéré. Ses mains tremblaient en la prenant. 15 Elle l'attacha autour de sa gorge, sur sa robe montante, et demeura en extase devant elle-même.

Puis elle demanda, hésitante, pleine d'angoisse:

— Peux-tu me prêter cela, rien que cela?

— Mais, oui, certainement. 20

Elle sauta au cou de son amie, l'embrassa avec emportement, puis s'enfuit avec son trésor.

Le jour de la fête arriva. Mme. Loisel eut un succès. Elle était plus jolie que toutes, élégante, gracieuse, souriante et folle de joie. Tous les hommes la regardaient, demandaient 25 son nom, cherchaient à être présentés. Tous les attachés du cabinet voulaient valser avec elle. Le Ministre la remarqua.

Elle dansait avec ivresse, avec emportement, grisée par le plaisir, ne pensant plus à rien, dans le triomphe de sa beauté, dans la gloire de son succès, dans une sorte de nuage de bon- 30 heur fait de tous ces hommages, de toutes ces admirations, de tous ces désirs éveillés, de cette victoire si complète et si douce au coeur des femmes.

---

[4] **or et pierreries**   en or et avec des pierres précieuses
[5] **rien autre**   rien d'autre

 6 **jurer**   *ici:* ne pas être en harmonie   *to clash*
11 **le fiacre**   une voiture à cheval que l'on louait
14 **le cocher**   le conducteur d'une voiture à cheval
16 **grelotter**   trembler de froid
17 **le coupé**   une voiture à cheval fermée
29 **affolé(e)**   très troublé   *panic stricken*
31 **se dresser**   se lever

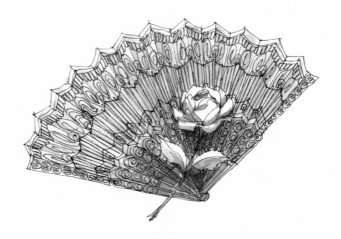

Elle partit vers quatre heures du matin. Son mari, depuis minuit, dormait dans un petit salon désert avec trois autres messieurs dont les femmes s'amusaient beaucoup.

Il lui jeta sur les épaules les vêtements qu'il avait apportés pour la sortie, modestes vêtements de la vie ordinaire, dont 5 la pauvreté jurait avec l'élégance de la toilette de bal. Elle le sentit et voulut s'enfuir, pour ne pas être remarquée par les autres femmes qui s'enveloppaient de riches fourrures.

Loisel la retenait.

— Attends donc. Tu vas attraper froid dehors. Je vais ap- 10 peler un fiacre.

Mais elle ne l'écoutait point et descendait rapidement l'escalier. Lorsqu'ils furent dans la rue, ils ne trouvèrent pas de voiture; et ils se mirent à chercher, criant après les cochers qu'ils voyaient passer de loin. 15

Ils descendaient vers la Seine, désespérés, grelottants. Enfin ils trouvèrent sur le quai un de ces vieux coupés noctambules qu'on ne voit dans Paris que la nuit venue, comme s'ils eussent[6] été honteux de leur misère pendant le jour.

Il les ramena jusqu'à leur porte, rue des Martyrs, et ils re- 20 montèrent tristement chez eux. C'était fini, pour elle. Et il songeait, lui, qu'il lui faudrait être au Ministère à dix heures.

Elle ôta les vêtements dont elle s'était enveloppé les épaules, devant la glace, afin de se voir encore une fois dans sa gloire. Mais soudain elle poussa un cri. Elle n'avait plus 25 sa rivière autour du cou!

Son mari, à moitié dévêtu déjà, demanda:

— Qu'est-ce que tu as?

Elle se tourna vers lui, affolée:

— J'ai ... j'ai ... je n'ai plus la rivière de Mme. Forestier. 30

Il se dressa, éperdu:

— Quoi! ... comment! ... Ce n'est pas possible!

Et ils cherchèrent dans les plis de la robe, dans les plis du manteau, dans les poches, partout. Ils ne la trouvèrent point. 35

---

[6] **eussent** avaient

9 **atterré(e)**   consterné   *stunned*
10 **le trajet**   le chemin parcouru
13 **abattu(e)**   *ici:* découragé   *despondent*
18 **le soupçon**   *ici:* très peu   *suspicion*
19 **l'effarement** *(m.)*   la peur, le trouble   *St. of fright & confusion*
21 **creusé(e)**   *ici:* marqué par la fatigue et la peine *to furrow*

Il demandait:

— Tu es sûre que tu l'avais encore en quittant le bal?

— Oui, je l'ai touchée dans le vestibule du Ministère.

— Mais, si tu l'as perdue dans la rue, nous l'aurions enten-
due tomber. Elle doit être dans le fiacre.   5

— Oui. C'est probable. As-tu pris le numéro?

— Non. Et toi, tu ne l'as pas regardé?

— Non.

Ils se contemplaient atterrés. Enfin Loisel se rhabilla.

— Je vais, dit-il, refaire tout le trajet que nous avons fait 10
à pied, pour voir si je ne la retrouverai pas.

Et il sortit. Elle demeura en toilette de soirée, sans force
pour se coucher, abattue sur une chaise, sans feu,[7] sans
pensée.

Son mari rentra vers sept heures. Il n'avait rien trouvé.   15

Il se rendit à la Préfecture de police, aux journaux, pour
faire promettre une récompense, aux compagnies de petites
voitures, partout enfin où un soupçon d'espoir le poussait.

Elle attendit tout le jour, dans le même état d'effarement
devant cet affreux désastre.   20

Loisel revint le soir, avec la figure creusée, pâlie; il n'avait
rien découvert.

— Il faut, dit-il, écrire à ton amie que tu as brisé la fermeture de sa rivière et que tu la fais réparer. Cela nous donnera
le temps de nous retourner.[8]   25

Elle écrivit sous sa dictée.

Exercice de vocabulaire

*Faites des phrases avec les expressions suivantes. Traduisez
vos phrases en anglais:*

1. aimer mieux
2. au milieu de
3. se mettre à
4. avoir l'air
5. attraper froid
6. de loin
7. être présenté à
8. pousser un cri

---
[7] **sans feu** immobile, sans énergie
[8] **le temps de nous retourner** le temps de prendre d'autres mesures

Questionnaire

1. Pourquoi Madame Loisel semblait-elle triste avant la fête?
2. À qui a-t-elle décidé d'emprunter des bijoux?
3. Quels bijoux Madame Forestier a-t-elle offerts à son amie?
4. Lequel Madame Loisel a-t-elle choisi?
5. Décrivez le succès de Madame Loisel.
6. Que faisait Monsieur Loisel au bal?
7. Vers quelle heure les Loisel ont-ils quitté le bal?
8. Pourquoi Madame Loisel ne voulait-elle pas être vue au moment de son départ?
9. Comment les Loisel sont-ils rentrés?
10. Qu'a découvert Madame Loisel au moment d'ôter son manteau?
11. Qu'est-ce que Monsieur Loisel a fait pour essayer de retrouver la parure?
12. Qu'est-ce que Madame Loisel a écrit à Madame Forestier? Pourquoi?

Sujets de conversation

1. Madame Loisel est venue emprunter un bijou à Madame Forestier.
2. Monsieur et Madame Loisel découvrent que la parure a été perdue.

Composition écrite

Décrivez le bal.

3 **aviser** _à_ _ici:_ prendre des mesures   _to see about_
5 **le joaillier**   le bijoutier
8 **l'écrin** _(m.)_   une boîte à bijoux

La Parure (fin)

Au BOUT d'une semaine, ils avaient perdu toute espérance. Et Loisel, vieilli de cinq ans, déclara:

— Il faut aviser à remplacer ce bijou.

Ils prirent, le lendemain, la boîte qui l'avait renfermé, et se rendirent chez le joaillier, dont le nom se trouvait dedans. Il 5 consulta ses livres:

— Ce n'est pas moi, Madame, qui ai vendu cette rivière, j'ai dû seulement fournir l'écrin.

Alors ils allèrent de bijoutier en bijoutier, cherchant une parure pareille à l'autre, consultant leurs souvenirs, malades 10 tous deux de chagrin et d'angoisse.

Ils trouvèrent, dans une boutique du Palais-Royal, un chapelet[1] de diamants qui leur parut entièrement semblable à celui qu'ils cherchaient. Il valait quarante mille francs. On le leur laisserait[2] à trente-six mille. 15

Ils prièrent donc le joaillier de ne pas le vendre avant trois jours. Et ils firent condition qu'on le reprendrait, pour trente-quatre mille francs, si le premier était retrouvé avant la fin de février.

Loisel possédait dix-huit mille francs que lui avait laissés 20 son père. Il emprunterait le reste.

[1] **chapelet**   collier
[2] **laisserait**   vendrait

7 **s'abattre**   tomber
12 **froissé(e)**   vexé
15 **redouter**   craindre fort
18 **les nécessiteux** *(m. pl.)*   des gens très pauvres qui manquent
    même du nécessaire   *needy*
19 **prendre son parti**   se résigner
21 **la bonne**   la servante
22 **la mansarde**   une petite chambre sous le toit d'une maison
23–24 **la besogne**   le travail
24 **l'ongle** *(m.)*   le bout des doigts   *nail*
26 **savonner**   laver avec du savon
26 **le torchon**   une serviette avec laquelle on essuie la vaisselle, les
    meubles, etc.
28 **les ordures** *(f. pl.)*   les restes que l'on jette   *garbage*
29 **souffler**   reprendre haleine, respirer avec effort   *to pant* .
31 **marchander**   essayer d'obtenir à un plus bas prix   *to bargain*
31 **injurié(e)**   insulté

Il emprunta, demandant mille francs à l'un, cinq cents à l'autre, cinq louis[3] par ci, trois par là. Il fit des billets,[4] prit des engagements ruineux, eut affaire aux usuriers, à toutes les races de prêteurs. Il compromit toute la fin de son existence, risqua sa signature sans savoir même s'il pourrait y faire hon- 5 neur, et, épouvanté par les angoisses de l'avenir, par la noire misère qui allait s'abattre sur lui, par la perspective de toutes les privations physiques et de toutes les tortures morales,[5] il alla chercher la rivière nouvelle, en déposant sur le comptoir du marchand trente-six mille francs. 10

Quand Mme. Loisel reporta la parure à Mme. Forestier, celle-ci lui dit, d'un air froissé:

— Tu aurais dû me la rendre plus tôt, car je pouvais en avoir besoin.

Elle n'ouvrit pas l'écrin, ce que redoutait son amie. Si elle 15 s'était aperçue de la substitution, qu'aurait-elle pensé? Qu'aurait-elle dit? Ne l'aurait-elle pas prise pour une voleuse?

Mme. Loisel connut la vie horrible des nécessiteux. Elle prit son parti, d'ailleurs, tout d'un coup, héroïquement. Il fallait payer cette dette effroyable. Elle payerait. On renvoya 20 la bonne, on changea de logement; on loua sous les toits une mansarde.

Elle connut les gros travaux du ménage, les odieuses besognes de la cuisine. Elle lava la vaisselle, usant ses ongles roses sur les poteries grasses et le fond des casseroles. Elle 25 savonna le linge sale, les chemises et les torchons, qu'elle faisait sécher sur une corde; elle descendit à la rue, chaque matin, les ordures, et monta l'eau, s'arrêtant à chaque étage pour souffler. Et, vêtue comme une femme du peuple, elle alla chez le fruitier, chez l'épicier, chez le boucher, le panier 30 au bras, marchandant, injuriée, défendant sou à sou son misérable argent.

Il fallait chaque mois payer des billets, en renouveler d'autres, obtenir du temps.

[3] **louis**   ancienne monnaie, pièce d'or de 20 francs
[4] **billets**   engagements, par écrit, à payer une somme d'argent
[5] **morales**   mentales

6 **le taux**   l'intérêt annuel exprimé en pourcentage
8 **rude**   *ici:* sans finesse   *uncouth*
8 **le ménage**   *ici:* la famille
9 **de travers**   *ici:* en désordre
18 **se délasser**   se reposer
23 **certes**   certainement   *indeed*

Le mari travaillait le soir à mettre au net les comptes d'un commerçant, et la nuit, souvent, il faisait de la copie[6] à cinq sous la page.

Et cette vie dura dix ans.

Au bout de dix ans, ils avaient tout restitué, tout, avec le taux de l'usure, et l'accumulation des intérêts superposés. Mme. Loisel semblait vieille, maintenant. Elle était devenue la femme forte, et dure, et rude, des ménages pauvres. Mal peignée, avec les jupes de travers et les mains rouges, elle parlait haut, lavait à grande eau[7] les planchers. Mais parfois, lorsque son mari était au bureau, elle s'asseyait auprès de la fenêtre, et elle songeait à cette soirée d'autrefois, à ce bal, où elle avait été si belle et si fêtée.

Que serait-il arrivé si elle n'avait point perdu cette parure? Qui sait? qui sait? Comme la vie est singulière, changeante! Comme il faut peu de chose pour vous perdre[8] ou vous sauver!

Or, un dimanche, comme elle était allée faire un tour aux Champs-Elysées[9] pour se délasser des besognes de la semaine, elle aperçut tout à coup une femme qui promenait un enfant. C'était Mme. Forestier, toujours jeune, toujours belle, toujours séduisante.

Mme. Loisel se sentit émue. Allait-elle lui parler? Oui, certes. Et maintenant qu'elle avait payé, elle lui dirait tout. Pourquoi pas?

Elle s'approcha.

— Bonjour, Jeanne.

L'autre ne la reconnaissant point, s'étonnant d'être appelée ainsi familièrement par cette bourgeoise.[10] Elle balbutia:

— Mais ... Madame! ... Je ne sais ... Vous devez vous tromper.

— Non. Je suis Mathilde Loisel.

Son amie poussa un cri:

— Oh! ma pauvre Mathilde, comme tu es changée! ...

[6] **faisait de la copie**   copiait à la main
[7] **lavait à grande eau**   lavait avec beaucoup d'eau
[8] **perdre**   ruiner
[9] **Champs-Elysées**   *grande avenue très chic à Paris*
[10] **bourgeoise**   femme simple

18 **orgueilleux (orgueilleuse)**   fier

— Oui, j'ai eu des jours bien durs, depuis que je ne t'ai vue; et bien des misères ... et cela à cause de toi! ...

— De moi ... Comment ça?

— Tu te rappelles bien cette rivière de diamants que tu m'as prêtée pour aller à la fête du Ministère.   5

— Oui. Eh bien?

— Eh bien, je l'ai perdue.

— Comment! puisque tu me l'as rapportée.

— Je t'en ai rapporté une autre toute pareille. Et voilà dix ans que nous la payons. Tu comprends que ça n'était pas aisé 10 pour nous, qui n'avions rien ... Enfin c'est fini, et je suis rudement[11] contente.

Mme. Forestier s'était arrêtée.

— Tu dis que tu as acheté une rivière de diamants pour remplacer la mienne?   15

— Oui. Tu ne t'en étais pas aperçue, hein? Elles étaient bien pareilles.

Et elle souriait d'une joie orgueilleuse et naïve.

Mme. Forestier, fort émue, lui prit les deux mains.

— Oh! ma pauvre Mathilde! Mais la mienne était fausse. 20 Elle valait au plus cinq cents francs! ...

GUY DE MAUPASSANT

Exercice de vocabulaire

Faites des phrases avec les expressions suivantes. Traduisez vos phrases en anglais:

1. faire (+ *infinitif*)
2. se rendre
3. avoir affaire à
4. s'apercevoir
5. prendre son parti
6. tout d'un coup
7. de travers
8. à cause de

Questionnaire

1. Qu'est-ce que les Loisel ont décidé de faire au bout d'une semaine?

[11] **rudement** *(fam.)* très

2. Qu'ont-ils fait pour trouver une parure semblable à la rivière de Madame Forestier?

3. Où l'ont-ils trouvée et à quel prix?

4. Qu'a fait Monsieur Loisel pour payer la parure?

5. Quelle a été la réaction de Madame Forestier quand Madame Loisel lui a donné la parure?

6. Pourquoi Madame Loisel redoutait-elle que son amie ouvre l'écrin?

7. Comment la vie des Loisel a-t-elle changé à partir de ce moment-là?

8. Combien de temps cette vie a-t-elle duré?

9. Quel effet cette vie a-t-elle eu sur Madame Loisel?

10. Décrivez la rencontre de Madame Loisel et Madame Forestier aux Champs-Elysées.

11. Qu'a dit Madame Loisel au sujet de la rivière de diamants?

12. Quelle est la fin de l'histoire? Avez-vous été surpris?

Sujets de conversation

1. La vie de Madame Loisel si elle n'avait pas perdu la parure.

2. La suite de la conversation entre Madame Loisel et Madame Forestier.

3. Le retour de Madame Loisel chez elle et sa conversation avec son mari.

Composition écrite

Le portrait de Madame Loisel dix ans après le bal.

L'Étranger *(Chapitre I)*

ALBERT CAMUS (1913–1960)

ALBERT CAMUS, *dramaturge, romancier et essayiste contemporain a reçu le Prix Nobel en 1957. Né en Algérie, fils d'un ouvrier et d'une servante, Camus connut dès sa jeunesse la misère et la pauvreté. Mais il connut aussi la beauté de la terre.*

L'Étranger, le premier des romans de Camus, parut en 1942. Ce roman est l'histoire de Meursault, un jeune employé de bureau algérois « pauvre et solitaire ». Après l'enterrement de sa mère, morte à l'asile des vieillards, il retourne chez lui et reprend sa vie et ses habitudes. Par une série d'évènements fortuits et imprévus, Meursault se trouve un jour sur une plage où il tue un Arabe. La deuxième partie du roman est la narration du procès de Meursault et se termine avec sa condamnation à mort.

Le style impersonnel et objectif du récit à la première personne renforce l'impression que Meursault est étranger « à la société où il vit ». Mais Camus n'a pas voulu peindre un personnage nihiliste. Pour lui Meursault est un homme parfaitement sincère. Son crime est qu'il refuse de mentir, qu'il refuse de dire plus qu'il ne sent. Nous voyons cette « sincérité » de Meursault dans la description de l'enterrement de sa mère, dans ses rapports avec ses amis, et dans la narration de son procès. Finalement, c'est ce refus de mentir qui le condamne à mort.

religion - escape fr. life
Camus: death is inescapable
nothing after death
no hope — w hope, live life dif.
live for present, not future

judgment — of soc. thru rel.
rel. synonymous w soc. org.

2 **l'asile** *(m.)* *ici:* un établissement pour vieillards
2 **décédé(e)** mort
7 **veiller** *ici:* passer la nuit auprès d'un mort *to keep a vigil*
8 **le congé** l'autorisation temporaire de s'absenter de son travail *leave*
8 **le patron** le chef; le propriétaire
17 **l'allure** *(f.)* un air

L'Étranger (Chapitre I)

AUJOURD'HUI, maman est morte. Ou peut-être hier, je ne sais pas. J'ai reçu un télégramme de l'asile: « Mère décédée. Enterrement demain. Sentiments distingués.[1] » Cela ne veut rien dire. C'était peut-être hier.

L'asile de vieillards est à Marengo, à quatre-vingts kilo- 5 mètres d'Alger. Je prendrai l'autobus à deux heures et j'arriverai dans l'après-midi. Ainsi, je pourrai veiller et je rentrerai demain soir. J'ai demandé deux jours de congé à mon patron et il ne pouvait pas me les refuser avec une excuse pareille. Mais il n'avait pas l'air content. Je lui ai même dit: « Ce n'est 10 pas de ma faute. » Il n'a pas répondu. J'ai pensé alors que je n'aurais pas dû lui dire cela. En somme, je n'avais pas à m'excuser. C'était plutôt à lui de me présenter ses condoléances. Mais il le fera sans doute après-demain, quand il me verra en deuil. Pour le moment, c'est un peu comme si maman 15 n'était pas morte. Après l'enterrement, au contraire, ce sera une affaire classée[2] et tout aura revêtu une allure plus officielle.

J'ai pris l'autobus à deux heures. Il faisait très chaud. J'ai mangé au restaurant, chez Céleste, comme d'habitude. Ils 20 avaient tous beaucoup de peine pour moi et Céleste m'a dit:

---

[1] **Sentiments distingués** *formule de politesse que l'on met d'habitude à la fin d'une lettre*
[2] **classée** terminée

4 **le brassard**   *ici:* une bande d'étoffe noire que l'on porte au bras
  en signe de deuil
7 **la course**   l'action de courir
7 **le cahot**   le mouvement brusque d'une voiture sur un chemin
  inégal
8 **l'essence** *(f.)*   *ici:* le pétrole distillé pour automobile
10 **tassé(e)**   *ici:* très près de
19 **clair(e)**   *antonyme:* sombre
23 **le soutien**   *ici:* la personne de qui on dépend financièrement   *support*
26 **subvenir**   donner l'argent nécessaire
27 **la garde**   une femme qui garde les malades
27–28 **tout compte fait**   prenant tout en considération
30 **partager**   *ici:* avoir en commun

« On n'a qu'une mère. » Quand je suis parti, ils m'ont accompagné à la porte. J'étais un peu étourdi parce qu'il a fallu que je monte chez Emmanuel pour lui emprunter une cravate noire et un brassard. Il a perdu son oncle, il y a quelques mois. 5

J'ai couru pour ne pas manquer le départ. Cette hâte, cette course, c'est à cause de tout cela sans doute, ajouté aux cahots, à l'odeur d'essence, à la réverbération de la route et du ciel, que je me suis assoupi. J'ai dormi pendant presque tout le trajet. Et quand je me suis réveillé, j'étais tassé contre un 10 militaire qui m'a souri et qui m'a demandé si je venais de loin. J'ai dit « oui » pour n'avoir plus à parler.

L'asile est à deux kilomètres du village. J'ai fait le chemin à pied. J'ai voulu voir maman tout de suite. Mais le concierge m'a dit qu'il fallait que je rencontre le directeur. Comme il 15 était occupé, j'ai attendu un peu. Pendant tout ce temps, le concierge a parlé et ensuite, j'ai vu le directeur: il m'a reçu dans son bureau. C'est un petit vieux, avec la Légion d'honneur.[3] Il m'a regardé de ses yeux clairs. Puis il m'a serré la main qu'il a gardée si longtemps que je ne savais trop comment la retirer. Il a consulté un dossier et m'a dit: « Madame 20 Meursault est entrée ici il y a trois ans. Vous étiez son seul soutien. » J'ai cru qu'il me reprochait quelque chose et j'ai commencé à lui expliquer. Mais il m'a interrompu: « Vous n'avez pas à vous justifier, mon cher enfant. J'ai lu le dossier 25 de votre mère. Vous ne pouviez subvenir à ses besoins. Il lui fallait une garde. Vos salaires sont modestes. Et tout compte fait, elle était plus heureuse ici. » J'ai dit: « Oui, monsieur le Directeur. » Il a ajouté: « Vous savez, elle avait des amis, des gens de son âge. Elle pouvait partager avec eux des intérêts 30 qui sont d'un autre temps. Vous êtes jeune et elle devait s'ennuyer avec vous. »

C'était vrai. Quand elle était à la maison, maman passait son temps à me suivre des yeux en silence. Dans les premiers jours où elle était à l'asile, elle pleurait souvent. Mais c'était 35

---

[3] **avec la Légion d'honneur** *avec un petit ruban rouge à la boutonnière indiquant qu'il a été décoré de l'ordre de la Légion d'honneur*

2 **retirer**   *ici:* faire sortir
12 **le pensionnaire**   *ici:* un vieillard de l'asile   *boarder*
22 **la disparue**   la morte   *deceased*
26 **athée**   celui qui ne croit pas en Dieu

a stranger to society

has coffee and cream while one watch over mother

à cause de l'habitude. Au bout de quelques mois, elle aurait pleuré si on l'avait retirée de l'asile. Toujours à cause de l'habitude. C'est un peu pour cela que dans la dernière année je n'y suis presque plus allé. Et aussi parce que cela me prenait mon dimanche — sans compter l'effort pour aller à l'auto- 5 bus, prendre des tickets et faire deux heures de route.

Le directeur m'a encore parlé. Mais je ne l'écoutais presque plus. Puis il m'a dit: « Je suppose que vous voulez voir votre mère. » Je me suis levé sans rien dire et il m'a précédé vers la porte. Dans les escaliers, il m'a expliqué: « Nous l'avons 10 transportée dans notre petite morgue. Pour ne pas impressionner les autres. Chaque fois qu'un pensionnaire meurt, les autres sont nerveux pendant deux ou trois jours. Et ça rend le service difficile. » Nous avons traversé une cour où il y avait beaucoup de vieillards, bavardant par petits groupes. Ils se 15 taisaient quand nous passions. Et derrière nous, les conversations reprenaient. On aurait dit d'un jacassement assourdi de perruches. À la porte d'un petit bâtiment, le directeur m'a quitté: « Je vous laisse, monsieur Meursault. Je suis à votre disposition dans mon bureau. En principe, l'enterrement est 20 fixé à dix heures du matin. Nous avons pensé que vous pourrez ainsi veiller la disparue. Un dernier mot: votre mère a, paraît-il, exprimé souvent à ses compagnons le désir d'être enterrée religieusement. J'ai pris sur moi de faire le nécessaire. Mais je voulais vous en informer. » Je l'ai remercié. 25 Maman, sans être athée, n'avait jamais pensé de son vivant[5] à la religion.

Exercice de vocabulaire

Faites des phrases avec les expressions suivantes. Traduisez vos phrases en anglais:

1. avoir à
2. avoir de la peine
3. tout compte fait
4. s'ennuyer
5. à cause de
6. faire le nécessaire

[4] **d'un jacassement assourdi de perruches** pareil à un bavardage confus d'oiseaux

[5] **de son vivant** pendant sa vie

Questionnaire

1. Quelle nouvelle Meursault a-t-il reçue?
2. Comment Camus révèle-t-il le caractère de Meursault dans le premier paragraphe?
3. À quels détails pratiques Meursault pense-t-il?
4. Décrivez l'entretien de Meursault avec son patron. Est-ce que cette conversation ajoute quelque chose à la première impression que vous vous êtes faite de Meursault?
5. Que pensez-vous de la remarque de Céleste: « On n'a qu'une mère »?
6. Pourquoi Meursault est-il allé chez son ami Emmanuel?
7. Décrivez le voyage à Marengo.
8. Pourquoi Meursault a-t-il cru que le directeur lui reprochait quelque chose?
9. Pourquoi le directeur pensait-il que Meursault n'avait pas à se justifier?
10. Pensez-vous que Madame Meursault était plus heureuse à l'asile qu'à la maison? Justifiez votre réponse.
11. Pourquoi Meursault n'allait-il pas voir sa mère à l'asile?
12. Quels renseignements le directeur a-t-il donnés à Meursault en le quittant?

Sujet de conversation

Trouvez-vous Meursault sympathique? Pourquoi?

2 **la verrière**   une grande fenêtre

3 **le chevalet**   un support en bois

4 **la bière**   le cercueil   *coffin*

4 **le couvercle**   ce qui sert à couvrir une boîte   *box* *lid/cover*

5 **la vis**   une petite pièce de métal en forme de spirale qui pénètre
   en tournant

5 **à peine**   presque pas

5 **enfoncer**   faire pénétrer

6 **la planche**   un morceau de bois long et peu épais

7 **l'infirmière** *(f.)*   une femme qui s'occupe des malades

7 **le sarrau**   un vêtement léger que l'on porte pour protéger les
   autres vêtements   *smock*

11 **dévisser**   retirer les vis

14 **gêné(e)**   embarrassé

17 **tortiller**   tourner

22 **le chancre**   une ulcération

VINGT-CINQUIÈME LEÇON

L'Étranger *(Chapitre I [suite])*

J E suis entré. C'était une salle très claire, blanchie à la chaux[1]
et recouverte d'une verrière. Elle était meublée de chaises
et de chevalets en forme de X. Deux d'entre eux, au centre,
supportaient une bière recouverte de son couvercle. On voyait
seulement des vis brillantes, à peine enfoncées, se détacher 5
sur les planches passées au brou de noix.[2] Près de la bière, il
y avait une infirmière arabe en sarrau blanc, un foulard de
couleur vive sur la tête.

À ce moment, le concierge est entré derrière mon dos. Il
avait dû courir. Il a bégayé un peu: « On l'a couverte, mais je 10
dois dévisser la bière pour que vous puissiez la voir. » Il s'approchait de la bière quand je l'ai arrêté. Il m'a dit: « Vous ne
voulez pas? » J'ai répondu: « Non. » Il s'est interrompu et
j'étais gêné parce que je sentais que je n'aurais pas dû dire
cela. Au bout d'un moment, il m'a regardé et il m'a demandé: 15
« Pourquoi? » mais sans reproche, comme s'il s'informait. J'ai
dit: « Je ne sais pas. » Alors tortillant sa moustache blanche,
il a déclaré sans me regarder: « Je comprends. » Il avait de
beaux yeux, bleu clair, et un teint un peu rouge. Il m'a donné
une chaise et lui-même s'est assis un peu en arrière de moi. 20
La garde s'est levée et s'est dirigée vers la sortie. À ce moment, le concierge m'a dit: « C'est un chancre qu'elle a. »

---

[1] **blanchie à la chaux**   peinte en blanc
[2] **passées au brou de noix**   teinté en brun

9 **le frelon**   un insecte volant, dont la piqûre est très douloureuse ~~to sting~~ hornet
9 **bourdonner**   faire le bruit sourd ~~dull~~ de certains insectes to buzz
23–24 **se faire à**   s'habituer à
24 **le corbillard**   une voiture dans laquelle on transporte les morts
30 **valide**   *ici:* capable de travailler sound/fit/able-bodied

Comme je ne comprenais pas, j'ai regardé l'infirmière et j'ai vu qu'elle portait sous les yeux un bandeau qui faisait le tour de la tête. À la hauteur du nez, le bandeau était plat. On ne voyait que la blancheur du bandeau dans son visage.

Quand elle est partie, le concierge a parlé: « Je vais vous 5 laisser seul. » Je ne sais pas quel geste j'ai fait, mais il est resté, debout derrière moi. Cette présence dans mon dos me gênait. La pièce était pleine d'une belle lumière de fin d'après-midi. Deux frelons bourdonnaient contre la verrière. Et je sentais le sommeil me gagner. J'ai dit au concierge, sans 10 me retourner vers lui: « Il y a longtemps que vous êtes là? » Immédiatement il a répondu: « Cinq ans » — comme s'il avait attendu depuis toujours ma demande.

Ensuite, il a beaucoup bavardé. On l'aurait bien étonné en lui disant qu'il finirait concierge à l'asile de Marengo. Il avait 15 soixante-quatre ans et il était Parisien. À ce moment je l'ai interrompu: « Ah, vous n'êtes pas d'ici? » Puis je me suis souvenu qu'avant de me conduire chez le directeur, il m'avait parlé de maman. Il m'avait dit qu'il fallait l'enterrer très vite, parce que dans la plaine il faisait chaud, surtout dans ce pays. 20 C'est alors qu'il m'avait appris qu'il avait vécu à Paris et qu'il avait du mal à l'oublier. À Paris, on reste avec le mort trois, quatre jours quelquefois. Ici on n'a pas le temps, on ne s'est pas fait à l'idée que déjà il faut courir derrière le corbillard. Sa femme lui avait dit alors: « Tais-toi, ce ne sont pas des 25 choses à raconter à Monsieur. » Le vieux avait rougi et s'était excusé. J'étais intervenu pour dire: « Mais non. » Je trouvais ce qu'il racontait juste et intéressant.

Dans la petite morgue, il m'a appris qu'il était entré à l'asile comme indigent. Comme il se sentait valide, il s'était proposé 30 pour cette place de concierge. Je lui ai fait remarquer qu'en somme il était un pensionnaire. Il m'a dit que non. J'avais déjà été frappé par la façon qu'il avait de dire: « ils », « les autres », et plus rarement « les vieux », en parlant des pensionnaires dont certains n'étaient pas plus âgés que lui. Mais 35 naturellement ce n'était pas la même chose. Lui était concierge, et, dans une certaine mesure, il avait des droits sur eux.

3 **le commutateur**   un bouton pour allumer ou éteindre la lumière
   électrique   *switch*

4 **aveuglé(e)**   rendu incapable de voir

4 **l'éclaboussement** *(m.)*   *ici:* l'arrivée brusque

5 **le réfectoire**   une salle à manger commune   *dining hall*

8 **le plateau**   un large plat sur lequel on sert le thé, le café, etc.

16 **l'éclat** *(m.)*   une lueur brillante   *burst*

20 **disposer**   arranger

21 **la cafetière**   un récipient qui sert à faire ou à verser le café   *coffee pot*

24 **tricoter**   faire du tricot, des pullovers, etc.

26 **somnoler**   dormir légèrement

28 **le frôlement**   un léger contact

30 **l'ombre** *(f.)*   l'obscurité produite par un corps qui intercepte la
   lumière

33 **glisser**   avancer doucement

35 **grincer**   produire un bruit strident   *to creak*

La garde est entrée à ce moment. Le soir était tombé brusquement. Très vite, la nuit s'était épaissie au-dessus de la
verrière. Le concierge a tourné le commutateur et j'ai été
aveuglé par l'éclaboussement soudain de la lumière. Il m'a
invité à me rendre au réfectoire pour dîner. Mais je n'avais 5
pas faim. Il m'a offert alors d'apporter une tasse de café au
lait. Comme j'aime beaucoup le café au lait, j'ai accepté et il
est revenu un moment après avec un plateau. J'ai bu. J'ai eu
alors envie de fumer. Mais j'ai hésité parce que je ne savais
pas si je pouvais le faire devant maman. J'ai réfléchi, cela 10
n'avait aucune importance. J'ai offert une cigarette au concierge et nous avons fumé.

À un moment, il m'a dit: «Vous savez, les amis de Madame
votre mère vont venir la veiller aussi. C'est la coutume, il faut
que j'aille chercher des chaises et du café noir.» Je lui ai 15
demandé si on pouvait éteindre une des lampes. L'éclat de
la lumière sur les murs blancs me fatiguait. Il m'a dit que ce
n'était pas possible. L'installation était ainsi faite: c'était tout
ou rien. Je n'ai plus beaucoup fait attention à lui. Il est sorti,
est revenu, a disposé des chaises. Sur l'une d'elles, il a empilé 20
des tasses autour d'une cafetière. Puis il s'est assis en face de
moi, de l'autre côté de maman. La garde était aussi au fond, le
dos tourné. Je ne voyais pas ce qu'elle faisait. Mais au mouvement de ses bras, je pouvais croire qu'elle tricotait. Il faisait
doux, le café m'avait réchauffé et par la porte ouverte entrait 25
une odeur de nuit et de fleurs. Je crois que j'ai somnolé un
peu.

C'est un frôlement qui m'a réveillé. D'avoir fermé les yeux,
la pièce m'a parue encore plus éclatante de blancheur. Devant
moi, il n'y avait pas une ombre et chaque objet, chaque angle, 30
toutes les courbes se dessinaient avec une pureté blessante
pour les yeux. C'est à ce moment que les amis de maman sont
entrés. Ils étaient en tout une dizaine, et ils glissaient en
silence dans cette lumière aveuglante. Ils se sont assis sans
qu'aucune chaise grinçât. Je les voyais comme je n'ai jamais 35
vu personne et pas un détail de leurs visages ou de leurs
habits ne m'échappait. Pourtant je ne les entendais pas et

2 **le tablier**   un morceau d'étoffe que l'on met pour protéger ses
   vêtements
3 **le ventre**   l'abdomen
3 **bombé(e)**   convexe
9 **hocher**   faire un mouvement de la tête
11 **saluer**   donner une marque extérieure de respect ou d'attention
14 **dodeliner**   balancer   to nod / wag

j'avais peine à croire à leur réalité. Presque toutes les femmes
portaient un tablier et le cordon qui les serrait à la taille faisait
encore ressortir leur ventre bombé. Je n'avais encore jamais
remarqué à quel point les vieilles femmes pouvaient avoir
du ventre. Les hommes étaient presque tous très maigres et 5
tenaient des cannes. Ce qui me frappait dans leurs visages,
c'est que je ne voyais pas leurs yeux, mais seulement une
lueur sans éclat au milieu d'un nid de rides.[3] Lorsqu'ils se
sont assis, la plupart m'ont regardé et ont hoché la tête avec
gêne, les lèvres toutes mangées par leur bouche sans dents, 10
sans que je puisse savoir s'ils me saluaient ou s'il s'agissait
d'un tic. Je crois plutôt qu'ils me saluaient. C'est à ce moment
que je me suis aperçu qu'ils étaient tous assis en face de moi
à dodeliner de la tête, autour du concierge. J'ai eu un moment
l'impression ridicule qu'ils étaient là pour me juger.   15

Exercice de vocabulaire

*Faites des phrases avec les expressions suivantes. Traduisez
vos phrases en anglais:*

1. à peine
2. s'approcher de
3. avoir du mal à

4. se faire à
5. avoir des droits sur
6. il s'agit de

Questionnaire

1. Comment Meursault a-t-il décrit la salle où se trouvait
   la bière de sa mère?
2. Quels détails a-t-il remarqués en regardant la bière?
3. Pourquoi Meursault ne voulait-il pas que le concierge
   dévisse la bière?
4. Décrivez l'infirmière.
5. Décrivez le concierge et dites ce que vous savez de
   sa vie.

[3] **un nid de rides** une accumulation de rides

6. Quelles comparaisons le concierge a-t-il faites entre les enterrements à Paris et en Algérie? Ces détails ont-ils intéressés Meursault?

7. Comment le concierge a-t-il indiqué qu'il ne voulait pas être pris pour un pensionnaire?

8. Qu'a fait Meursault au lieu de se rendre au réfectoire pour dîner?

9. Après avoir hésité, pourquoi Meursault a-t-il fini par fumer?

10. Qu'est-ce que le concierge a fait pour préparer la salle pour la veillée?

11. Décrivez l'entrée des amis de Madame Meursault.

12. Par quels détails physiques Meursault a-t-il été frappé en les regardant?

13. Où les vieillards se sont-ils assis par rapport à Meursault et qu'ont-ils fait?

14. Pourquoi Meursault s'est-il senti gêné devant les amis de sa mère?

Sujet de conversation

Meursault aimait-il sa mère? Justifiez votre point de vue.

5 **affaissé(e)** courbé *depressed*
10 **se pencher** s'incliner
11 **secouer** agiter
11 **bredouiller** parler d'une manière peu distincte *to mumble*
18 **le sanglot** le bruit produit quand on pleure très fort
18 **renifler** aspirer fortement par le nez *to sniffle*
20 **les reins** *ici:* le dos
21 **pénible** *ici:* désagréable
23 **à la longue** avec le temps; finalement
23–24 **deviner** estimer *to guess*
25 **le clappement** un bruit sec *smacking*

M. doesn't understand why she is crying - for him death is inevitable + shouldn't waste time crying about something you can't stop

VINGT-SIXIÈME LEÇON

L'Étranger *(Chapitre I [suite])*

PEU APRÈS, une des femmes s'est mise à pleurer. Elle était au second rang, cachée par une de ses compagnes, et je la voyais mal. Elle pleurait à petits cris, régulièrement: il me semblait qu'elle ne s'arrêterait jamais. Les autres avaient l'air de ne pas l'entendre. Ils étaient affaissés, mornes et silen- 5 cieux. Ils regardaient la bière ou leur canne, ou n'importe quoi, mais ils ne regardaient que cela. La femme pleurait toujours. J'étais très étonné parce que je ne la connaissais pas. J'aurais voulu ne plus l'entendre. Pourtant je n'osais pas le lui dire. Le concierge s'est penché vers elle, lui a parlé, mais 10 elle a secoué la tête, a bredouillé quelque chose, et a continué de pleurer avec la même régularité. Le concierge est venu alors de mon côté. Il s'est assis près de moi. Après un assez long moment, il m'a renseigné sans me regarder: « Elle était très liée avec Madame votre mère. Elle dit que c'était 15 sa seule amie ici et que maintenant elle n'a plus personne. »

Nous sommes restés un long moment ainsi. Les soupirs et les sanglots de la femme se faisaient plus rares. Elle reniflait beaucoup. Elle s'est tue enfin. Je n'avais plus sommeil, mais j'étais fatigué et les reins me faisaient mal. À présent c'était 20 le silence de tous ces gens qui m'était pénible. De temps en temps seulement j'entendais un bruit singulier et je ne pouvais comprendre ce qu'il était. À la longue, j'ai fini par deviner que quelques-uns d'entre les vieillards suçaient l'intérieur de leurs joues et laissaient échapper ces clappements 25

185

14 **cracher**   lancer la salive hors de la bouche *to spit*
14 **le carreau**   un petit carré *square*
15 **l'arrachement** *(m.)*   le déchirement
17 **incommode**   *ici:* fatigant *uncomfortable*
20 **accroître**   augmenter
22 **faire sa toilette**   se laver, se peigner, etc.
24 **la colline**   une petite montagne de forme arrondie *rounded*
30 **le platane**   une espèce d'arbre
36 **le remue-ménage** *(fam.)*   une agitation désordonnée *bustle/stir*

bizarres. Ils ne s'en apercevaient pas tant ils étaient absorbés dans leurs pensées. J'avais même l'impression que cette morte, couchée au milieu d'eux, ne signifiait rien à leurs yeux. Mais je crois maintenant que c'était une impression fausse. Nous avons tous pris du café, servi par le concierge. En- 5 suite, je ne sais plus. La nuit a passé. Je me souviens qu'à un moment j'ai ouvert les yeux et j'ai vu que les vieillards dormaient tassés sur eux-mêmes, à l'exception d'un seul qui, le menton sur le dos de ses mains agrippées à la canne, me regardait fixement comme s'il n'attendait que mon réveil. Puis 10 j'ai encore dormi. Je me suis réveillé parce que j'avais de plus en plus mal aux reins. Le jour glissait sur la verrière. Peu après, l'un des vieillards s'est réveillé et il a beaucoup toussé. Il crachait dans un grand mouchoir à carreaux et chacun de ses crachats était comme un arrachement. Il a réveillé les 15 autres et le concierge a dit qu'ils devraient partir. Ils se sont levés. Cette veille incommode leur avait fait des visages de cendre.[1] En sortant, et à mon grand étonnement, ils m'ont tous serré la main—comme si cette nuit où nous n'avions pas échangé un mot avait accru notre intimité. 20

J'étais fatigué. Le concierge m'a conduit chez lui et j'ai pu faire un peu de toilette. J'ai encore pris du café au lait qui était très bon. Quand je suis sorti, le jour était complètement levé. Au-dessus des collines qui séparent Marengo de la mer, le ciel était plein de rougeurs. Et le vent qui passait au-dessus 25 d'elles apportait ici une odeur de sel. C'était une belle journée qui se préparait. Il y avait longtemps que j'étais allé à la campagne et je sentais quel plaisir j'aurais à me promener s'il n'y avait pas eu maman. Mais j'ai attendu dans la cour, sous un platane. Je respirais 30 l'odeur de la terre fraîche et je n'avais plus sommeil. J'ai pensé aux collègues du bureau. À cette heure, ils se levaient pour aller au travail: pour moi c'était toujours l'heure la plus difficile. J'ai encore réfléchi un peu à ces choses, mais j'ai été distrait par une cloche qui sonnait à l'intérieur des bâtiments. 35 Il y a eu du remue-ménage derrière les fenêtres, puis tout s'est calmé. Le soleil était monté un peu plus dans le ciel: il

[1] **des visages de cendre** des visages gris

4 **la pièce**   *ici:* le document
5 **rayé(e)**   *ici:* avec des lignes grises et noires
5 **interpeller**   appeler quelqu'un et lui demander quelque chose
6 **les pompes funèbres** *(f. pl.)*   l'établissement   qui   s'occupe   de
l'enterrement
13 **avertir**   informer
18 **le convoi**   le cortège funèbre
25 **interdire**   défendre
32 **l'enfant de choeur** *(m.)*   un enfant qui aide le prêtre *altar boy*
33 **l'encensoir** *(m.)*   un petit récipient à chaine dont on se sert à
l'église pour brûler l'encens

commençait à chauffer mes pieds. Le concierge a traversé la
cour et m'a dit que le directeur me demandait. Je suis allé
dans son bureau. Il m'a fait signer un certain nombre de
pièces. J'ai vu qu'il était habillé de noir avec un pantalon
rayé. Il a pris le téléphone en main et il m'a interpellé: « Les 5
employés des pompes funèbres sont là depuis un moment. Je
vais leur demander de venir fermer la bière. Voulez-vous
auparavant voir votre mère une dernière fois? » J'ai dit non.
Il a ordonné dans le téléphone en baissant la voix: « Figeac,
dites aux hommes qu'ils peuvent aller. » 10
   Ensuite il m'a dit qu'il assisterait à l'enterrement et je l'ai
remercié. Il s'est assis derrière son bureau, il a croisé ses
petites jambes. Il m'a averti que moi et lui serions seuls, avec
l'infirmière de service. En principe, les pensionnaires ne
devaient pas assister aux enterrements. Il les laissait seule- 15
ment veiller: « C'est une question d'humanité », a-t-il remarqué. Mais en l'espèce,[2] il avait accordé l'autorisation de
suivre le convoi à un vieil ami de maman: « Thomas Pérez. »
Ici, le directeur a souri. Il m'a dit: « Vous comprenez, c'est un
sentiment un peu puéril. Mais lui et votre mère ne se quit- 20
taient guère. À l'asile, on les plaisantait,[3] on disait à Pérez:
« C'est votre fiancée. » Lui riait. Ça leur faisait plaisir. Et le
fait est que la mort de Mme. Meursault l'a beaucoup affecté. Je
n'ai pas cru devoir lui refuser l'autorisation. Mais sur le conseil
du médecin visiteur, je lui ai interdit la veillée d'hier. » 25
   Nous sommes restés silencieux assez longtemps. Le directeur s'est levé et a regardé par la fenêtre de son bureau. À
un moment, il a observé: « Voilà déjà le curé de Marengo. Il
est en avance. » Il m'a prévenu qu'il faudrait au moins trois
quarts d'heure de marche pour aller à l'église qui est au vil- 30
lage même. Nous sommes descendus. Devant le bâtiment, il
y avait le curé et deux enfants de chœur. L'un de ceux-ci
tenait un encensoir et le prêtre se baissait vers lui pour régler
la longueur de la chaîne d'argent. Quand nous sommes ar-
rivés, le prêtre s'est relevé. Il m'a appelé « mon fils » et m'a 35
dit quelques mots. Il est entré; je l'ai suivi.

²**en l'espèce**   en ce cas
³**on les plaisantait**   on se moquait gentiment d'eux

1 **enfoncer** faire pénétrer *to smash in*

6 **le drap** un grand morceau d'étoffe *fabric*

6–7 **les suivants** *(m. pl.)* ceux qui escortent *maid*

11 **osseux (osseuse)** dont les os sont gros *bony*

14 **verni(e)** laqué

15 **le plumier** une boîte longue dans laquelle l'écolier met ses
porte-plume, ses crayons, etc. *pencil box*

16 **l'ordonnateur** *(m.)* *ici:* un administrateur de l'asile

17 **le feutre** *ici:* le chapeau

18 **la calotte** *ici:* le petit dôme du chapeau

18 **l'aile** *(f.)* *ici:* le bord du chapeau

19–20 **tirebouchonner** tomber en spirales

20 **le noeud** *ici:* la cravate

21 **le col** la partie du vêtement qui entoure le cou

22 **truffé(e)** *ici:* rempli

23 **ballant(e)** ce qui pend et oscille *swinging, pendulous*

24 **ourlé(e)** *ici:* bordé

24 **blafard(e)** pâle

27–28 **fermer la marche** marcher le dernier

J'ai vu d'un coup que les vis de la bière étaient enfoncées et qu'il y avait quatre hommes noirs[4] dans la pièce. J'ai entendu en même temps le directeur me dire que la voiture attendait sur la route et le prêtre commencer ses prières. À partir de ce moment, tout est allé très vite. Les hommes se 5
sont avancés vers la bière avec un drap. Le prêtre, ses suivants, le directeur et moi-même sommes sortis. Devant la porte, il y avait une dame que je ne connaissais pas: « M. Meursault », a dit le directeur. Je n'ai pas entendu le nom de cette dame et j'ai compris seulement qu'elle était infirmière 10
déléguée. Elle a incliné sans un sourire son visage osseux et long. Puis nous nous sommes rangés pour laisser passer le corps. Nous avons suivi les porteurs et nous sommes sortis de l'asile. Devant la porte, il y avait la voiture. Vernie, oblongue et brillante, elle faisait penser à un plumier. À côté 15
d'elle, il y avait l'ordonnateur, petit homme à l'allure empruntée. J'ai compris que c'était M. Pérez. Il avait un feutre mou à la calotte ronde et aux ailes larges (il l'a ôté quand la bière a passé la porte), un costume dont le pantalon tirebouchonnait sur les souliers et un nœud d'étoffe noire trop 20
petit pour sa chemise à grand col blanc. Ses lèvres tremblaient au-dessous d'un nez truffé de points noirs. Ses cheveux blancs assez fins laissaient passer de curieuses oreilles ballantes et mal ourlées dont la couleur rouge sang dans ce visage blafard me frappa. L'ordonnateur nous donna nos places. Le curé 25
marchait en avant, puis la voiture. Autour d'elle, les quatre hommes. Derrière, le directeur, moi-même et, fermant la marche, l'infirmière déléguée et M. Pérez.

Exercice de vocabulaire

Faites des phrases avec les expressions suivantes. Traduisez vos phrases en anglais:

1. être lié avec quelqu'un
2. finir par
3. assister à

4. interdire quelque chose à quelqu'un
5. en même temps
6. s'avancer vers

---

[4] **hommes noirs**　hommes habillés en noir
[5] **à l'allure empruntée**　qui avait l'air gauche

Questionnaire

1. Quelle a été la réaction de Meursault devant la femme qui pleurait?
2. Qui était cette femme?
3. Que faisaient les autres amis de la mère? Que regardaient-ils?
4. Pourquoi Meursault se sentait-il mal à l'aise?
5. Quel bruit singulier interrompait le silence de la veillée?
6. Pourquoi Meursault était-il étonné quand les vieillards lui ont serré la main avant de partir?
7. De quelle façon Meursault a-t-il décrit la nouvelle journée? Que ressentait-il?
8. Pourquoi le directeur a-t-il fait venir Meursault dans son bureau?
9. Pourquoi ne permettait-on pas aux pensionnaires d'assister aux enterrements?
10. Pourquoi le directeur a-t-il autorisé Monsieur Pérez à suivre le convoi?
11. Qu'a remarqué Meursault en entrant de nouveau dans la morgue?
12. À quoi Meursault a-t-il comparé la voiture qui allait transporter la bière au cimetière?
13. Faites le portrait de Monsieur Pérez.
14. Qui faisait partie du convoi?

Sujet de conversation

Pensez-vous que quelqu'un d'autre décrirait la veillée de sa mère de la même façon que Meursault? Aurait-il remarqué les mêmes détails?

VINGT-SEPTIÈME LEÇON

L'Étranger *(Chapitre I, [fin])*

LE CIEL était déjà plein de soleil. Il commençait à peser sur la terre et la chaleur augmentait rapidement. Je ne sais pas pourquoi nous avons attendu assez longtemps avant de nous mettre en marche. J'avais chaud sous mes vêtements sombres. Le petit vieux, qui s'était recouvert, a de nouveau ôté son chapeau. Je m'étais un peu tourné de son côté, et je le re-gardais lorsque le directeur m'a parlé de lui. Il m'a dit que souvent ma mère et M. Pérez allaient se promener le soir jusqu'au village, accompagnés d'une infirmière. Je regardais la campagne autour de moi. À travers les lignes de cyprès qui 10 menaient aux collines près du ciel, cette terre rousse et verte, ces maisons rares et bien dessinées, je comprenais maman. Le soir, dans ce pays, devait être comme une trêve mélancolique. Aujourd'hui, le soleil débordant qui faisait tressaillir le pay-sage le rendait inhumain et déprimant. 15

Nous nous sommes mis en marche. C'est à ce moment que je me suis aperçu que Pérez claudiquait légèrement. La voi-ture, peu à peu, prenait de la vitesse et le vieillard perdait du terrain. L'un des hommes qui entouraient la voiture s'était laissé dépasser aussi et marchait maintenant à mon niveau.[1] 20 J'étais surpris de la rapidité avec laquelle le soleil montait dans le ciel. Je me suis aperçu qu'il y avait déjà longtemps que la campagne bourdonnait du chant des insectes et de crépite-

[1] **à mon niveau** à côté de moi

1 **la sueur** le liquide émis par les pores de la peau *skin*
2 **s'éventer** agiter l'air autour de soi *to fan oneself*
4 **essuyer** ôter l'eau, la sueur, la poussière, etc. *to wipe*
5 **le crâne** la tête
6 **la casquette** une espèce de chapeau d'homme avec visière
15 **la goutte** une très petite quantité de liquide *drop*
19 **insoutenable** insupportable
22 **le goudron** une substance noire et visqueuse dont l'on recouvre
    les routes
24 **pétri(e)** *ici*: formé
26 **gluant(e)** visqueux
26 **terne** sans brillance
28 **le crottin** l'excrément des chevaux
31 **la nuée** le nuage
33 **constater** remarquer *to note*

ments d'herbe. La sueur coulait sur mes joues. Comme je
n'avais pas de chapeau, je m'éventais avec mon mouchoir.
L'employé des pompes funèbres m'a dit alors quelque chose
que je n'ai pas entendu. En même temps, il s'essuyait le
crâne avec un mouchoir qu'il tenait dans sa main gauche, la 5
main droite soulevant le bord de sa casquette. Je lui ai dit:
« Comment? » Il a répété en montrant le ciel: « Ça tape.² »
J'ai dit « Oui. » Un peu après, il m'a demandé: « C'est votre
mère qui est là? » J'ai encore dit « Oui. » « Elle était vieille? »
J'ai répondu « Comme ça », parce que je ne savais pas le 10
chiffre exact. Ensuite, il s'est tu. Je me suis retourné et j'ai
vu le vieux Pérez à une cinquantaine de mètres derrière
nous. Il se hâtait en balançant son feutre à bout de bras. J'ai
regardé aussi le directeur. Il marchait avec beaucoup de dignité, sans un geste inutile. Quelques gouttes de sueur per- 15
laient sur son front, mais il ne les essuyait pas.

Il me semblait que le convoi marchait un peu plus vite.
Autour de moi, c'était toujours la campagne lumineuse gorgée
de soleil. L'éclat du ciel était insoutenable. À un moment
donné, nous sommes passés sur une partie de la route qui 20
avait été récemment refaite. Le soleil avait fait éclater le
goudron. Les pieds y enfonçaient et laissaient ouverte sa
pulpe brillante. Au-dessus de la voiture, le chapeau du cocher,
en cuir bouilli,³ semblait avoir été pétri dans cette boue noire.⁴
J'étais un peu perdu entre le ciel bleu et blanc et la monotonie 25
de ces couleurs, noir gluant du goudron ouvert, noir terne des
habits, noir laqué de la voiture. Tout cela, le soleil, l'odeur de
cuir et de crottin de la voiture, celle du vernis et celle de
l'encens, la fatigue d'une nuit d'insomnie, me troublait le
regard et les idées. Je me suis retourné une fois de plus: Pérez 30
m'a paru très loin, perdu dans une nuée de chaleur, puis je
ne l'ai plus aperçu. Je l'ai cherché du regard et j'ai vu qu'il
avait quitté la route et pris à travers champs. J'ai constaté aussi
que devant moi la route tournait. J'ai compris que Pérez qui

² **Ça tape** (*fam.*)   le soleil est brûlant
³ **en cuir bouilli**   dur et brillant
⁴ **boue noire**   le goudron

2 **le tournant** l'endroit où la route tourne *bend*
10 **l'insolation** (*f.*) un malaise causé par trop de soleil
11 **la transpiration** la sueur
15 **l'énervement** (*m.*) l'irritation
17 **s'étaler** s'étendre *to spread out*
20 **l'évanouissement** (*m.*) la perte de connaissance *fainting spell*
21 **le pantin** une sorte de marionnette
22 **la racine** la partie d'une plante qui est dans la terre *root*
24 **le ronflement** tout bruit qui ressemble à celui que fait une personne qui dort *rumbling / snore*

connaissait le pays coupait au plus court[5] pour nous rattraper.
Au tournant il nous avait rejoints. Puis nous l'avons perdu. Il
a repris encore à travers champs et comme cela plusieurs fois.
Moi, je sentais le sang qui me battait aux tempes.

Tout s'est passé ensuite avec tant de précipitation, de certi- 5
tude et de naturel, que je ne me souviens plus de rien. Une
chose seulement: à l'entrée du village, l'infirmière déléguée
m'a parlé. Elle avait une voix singulière qui n'allait pas avec
son visage, une voix mélodieuse et tremblante. Elle m'a dit:
« Si on va doucement, on risque une insolation. Mais si on va 10
trop vite, on est en transpiration et dans l'église on attrape un
chaud et froid.[6] » Elle avait raison. Il n'y avait pas d'issue. J'ai
encore gardé quelques images de cette journée: par exemple,
le visage de Pérez quand, pour la dernière fois, il nous a rejoints près du village. De grosses larmes d'énervement et de 15
peine ruisselaient sur ses joues. Mais, à cause des rides, elles
ne s'écoulaient pas. Elles s'étalaient, se rejoignaient et for-
maient un vernis d'eau sur ce visage détruit. Il y a eu encore
l'église et les villageois sur les trottoirs, les géraniums rouges
sur les tombes du cimetière, l'évanouissement de Pérez (on 20
eût dit[7] un pantin disloqué), la terre couleur de sang qui
roulait sur la bière de maman, la chair blanche des racines qui
s'y mêlaient, encore du monde, des voix, le village, l'attente
devant un café, l'incessant ronflement du moteur, et ma joie
quand l'autobus est entré dans le nid de lumières[8] d'Alger et 25
que j'ai pensé que j'allais me coucher et dormir pendant
douze heures.

ALBERT CAMUS

Questionnaire

A.

1. Quel effet le soleil avait-il sur Meursault le jour de l'enterrement?

[5] **coupait au plus court**   prenait un chemin plus court
[6] **on attrape un chaud et froid**   on prend froid
[7] **on eût dit**   on aurait dit
[8] **le nid de lumières**   la concentration de lumières

2. Quelle infirmité Pérez avait-il et que faisait-il pour raccourcir le trajet?
3. Quelle remarque l'infirmière a-t-elle faite à propos du temps?
4. Quelle impression Meursault a-t-il gardée de Monsieur Pérez?
5. À quoi Meursault pensait-il en rentrant à Alger?

B.
1. Relevez les mots que Camus emploie pour indiquer que la chaleur était insupportable.
2. Par quelles images Camus indique-t-il l'effet de la chaleur sur la campagne et sur la route?
3. Comment donne-t-il une impression de chaleur excessive en décrivant les hommes?
4. Expliquez la phrase: « Le soir, dans ce pays, devait être comme une trêve mélancolique. »
5. Meursault ne garde de l'enterrement qu'une rapide succession d'images. Quelles sont ces images? Pourquoi sont-elles surtout visuelles?
6. Quelles couleurs dominent la description du convoi et de l'enterrement?

Sujets de conversation

1. L'importance du rôle de Thomas Pérez.
2. L'importance des deux autres personnages secondaires: le directeur et le concierge.

Composition écrite

Le livre dont cet épisode forme le premier chapitre est intitulé L'Étranger. *Quels traits de Meursault pourraient justifier ce titre?*

Vocabulaire français–anglais

à at, by, to, into, on, in, with

a *see* **avoir**

abandonner to abandon; **s'abandonner à** to give way to

abattre to knock down; **s'abattre** to fall

abattu(e) downcast, despondent

abdomen *m.* abdomen

abeille *f.* bee

abîme *m.* abyss, bottomless pit

abjection *f.* abasement, vileness

(d')abord at first

(s')absenter to stay away

absorber to absorb

abstrait(e) abstract

absurdité *f.* absurdity

académique academic

accent *m.* accent, accent mark;
pl. strains

accepter to accept

accessible accessible

accident *m.* accident

accompagner to accompany

accord *m.* agreement; **d'accord**
all right, agreed, O.K.

accorder to grant

accroître to augment, to enlarge,
to increase

accumulation *f.* accumulation

accuser to accuse

acheter to buy

acte *m.* act

acteur *m.* actor

action *f.* action

adapter to adapt

addition *f.* addition

adjectif *m.* adjective

admettre to admit

administrateur *m.* administrator

administrer to administer, to
manage

admirable admirable

admirateur *m.* admirer

admiration *f.* admiration

admiratrice *f.* admirer

admirer to admire

adoration *f.* adoration

adorer to adore

adoucir to sweeten, to soften;
s'adoucir to grow softer, gen-
tler

adresser to address; **s'adresser à** to address, to apply (*oneself to*)

adroit(e) skillful

adverbe *m.* adverb

aérien(ne) aerial
affaire *f.* matter, business; **avoir affaire à** to deal with
affaissé(e) depressed, in low spirits
affecter to affect, to feign
affirmer to affirm, to assert
affliction *f.* affliction
affolé(e) panic-stricken
affreux (affreuse) horrible, frightful, shocking
Afrique *f.* Africa
âge *m.* age
âgé(e) aged
(s')agir to concern; **il s'agit de** it is a matter of
agitation *f.* agitation
agiter to agitate, to stir
agneau *m.* lamb
agréable agreeable, pleasant
agricole agricultural
agrippé(e) clutched, clinging to
aide *f.* help; **à l'aide de** with the help of
aider to help
aile *f.* wing
(d')ailleurs besides, moreover
aimé *m.* the beloved one
aimer to love, to like; **aimer mieux** to prefer
ainsi thus; **ainsi que** as well as
air *m.* air, look, expression; **avoir l'air** to seem
aise *f.* ease, comfort; **mal à l'aise** uncomfortable
aisé(e) easy, free
aisément easily
ajouter to add
alcool *m.* alcohol
alcoolisé(e) alcoholic

Algérie *f.* Algeria
algérois(e) native of Algiers
aller to go; **s'en aller** to go away
allonger to lengthen, to stretch out
allumer to light
allure *f.* air, aspect
allusion *f.* allusion
almanach *m.* almanac, calendar
alors then, therefore
alouette *f.* lark
amant *m.* lover
ambition *f.* ambition
âme *f.* soul, spirit
amer (amère) bitter
américain(e) American
Amérique *f.* America
ami *m.* friend
amie *f.* friend, girlfriend
amitié *f.* friendship
amour *m.* love; **amours** *f. pl.* loves
amoureux *m.* lover
amoureux (amoureuse) in love; **tomber amoureux** to fall in love
amusant(e) amusing, funny
amuser to amuse; **s'amuser** to have a good time
an *m.* year
ancien(ne) ancient, old, former
ancre *f.* anchor
ange *m.* angel
Anglais *m.* Englishman
anglais *m.* English (*language*)
angle *m.* angle, corner
angoisse *f.* anguish
animal *m.* animal
année *f.* year

annoncer to announce
annuel(le) annual
antenne *f.* antenna
antiapoplectique antiapoplectic
antichambre *f.* anteroom, entrance hall
anticonformisme *m.* anti-conformity
antique ancient
antonyme *m.* antonym, word of opposite meaning
anxieux (anxieuse) anxious, troubled
août *m.* August
apercevoir to see, to perceive; **s'apercevoir** to realize, to notice
apoplexie *f.* stroke
apothicaire *m.* apothecary
appareil *m.* appliance, apparatus
apparent(e) apparent
appartenir to belong
appel *m.* appeal, call
appeler to call
appliquer to apply
apporter to bring
apprendre to learn, to inform; **apprendre par coeur** to memorize, to learn by heart
approcher to approach
appuyer to rest, to lean, to press
après after; **après tout** after all; **d'après** according to; **après-midi** *m.* afternoon; **après-demain** day after tomorrow
aquilin(e) aquiline, curving like an eagle's beak
Arabe *m. or f.* Arabian, Arab

arbre *m.* tree
arc-en-ciel *m.* rainbow
archaïque archaic
architecte *m.* architect
architecture *f.* architecture
ardeur *f.* ardor
argent *m.* money, silver
argenterie *f.* silverware
Aristote Aristotle
arme *f.* weapon
armoire *f.* wardrobe, clothes closet
arrachement *m.* the act of tearing out
arracher to pull, to tear off
arranger to arrange, to put in order
arrêt *m.* stop
arrêter to stop
arrière *m.* rear; **en arrière de** behind
arrivée *f.* arrival
arriver to arrive, to succeed, to manage
arrogant(e) arrogant
arrondi(e) rounded, round
arroser to water
art *m.* art
articulation *f.* articulation
articuler to articulate
asile *m.* asylum; **asile de vieillards** old people's home
aspect *m.* aspect, look, appearance
aspirer to aspire, to breathe in
asseoir to seat; **être assis** to be seated; **s'asseoir** to seat oneself, to sit down
asservir to enslave, to subjugate
assez enough

assister to assist; **assister à** to attend

assoupir to make drowsy; **s'assoupir** to doze off

assourdi(e) muffled, subdued

assurance *f.* assurance, insurance

assurer to assure, to insure; **s'assurer de** to make sure

astre *m.* heavenly body, star

athée *m. or f.* atheist

atmosphère *f.* atmosphere

attaché *m.* attaché

attacher to attach

attaque *f.* attack

attaquer to attack; **s'attaquer à** to tackle

atteindre to reach

attendre to wait for, to await

attente *f.* waiting, expectation

attentif (attentive) attentive

attention *f.* attention; **faire attention** to pay attention, to be careful

atterrer to stun

attirer to attract

attitude *f.* attitude

attraper to catch; **attraper froid** to catch a chill; **attraper un chaud et froid** to catch a chill

attribut *m.* attribute, characteristic

au in the; **au-delà** beyond; **au-dessous** below; **au-dessus** above

aube *f.* dawn

aucun(e) any, not any, no

augmenter to increase, to augment

aujourd'hui today

auprès close to, near

aurore *f.* dawn

aussi also; **aussi ... que** as ... as

autant as much, so much; **autant que** as much as

auteur *m.* author

autobus *m.* bus

autocar *m.* motor coach, bus

automne *m.* autumn, fall

automobile *f.* automobile, car

autorisation *f.* authorization

autour around

autre another, other; **rien d'autre** nothing else

autrefois in the past

autrement otherwise, differently

avance *f.* advance; **être en avance** to be early

avancer to advance, to move forward

avant before; **en avant** forward, in front

avec with

avenir *m.* future

aventure *f.* adventure

avenue *f.* avenue

avertir to inform, to warn

aveuglant(e) blinding, dazzling

aveugler to blind

aviateur *m.* aviator

avion *m.* airplane

aviser to perceive; **aviser à** to see about, to consider

avoir to have; **avoir à** to have to; **avoir affaire à** to deal with; **avoir l'air** to seem; **avoir beau** (*with inf.*) to do something in vain; **avoir besoin de** to need;

avoir chaud to be warm; **avoir envie de** to want, to crave; **avoir faim** to be hungry; **avoir du mal à** to have difficulty in; **avoir raison** to be right; **avoir soif** to be thirsty; **avoir tort** to be wrong; **avoir du ventre** to be potbellied; **il y a** there is; ago; since **avouer** to admit

baisser to lower; **se baisser** to bend down
bal *m.* ball, dance
balancer to balance
balbutier to mumble
baliverne *f.* nonsense
ballant(e) swinging, pendulous
ballet *m.* ballet
banal(e) common, insignificant
banane *f.* banana
bande *f.* band, strip
bandeau *m.* bandage, headband
banque *f.* bank
barbe *f.* beard
baron *m.* baron
bas *m.* lower part; **en bas** below; **ici-bas** here on earth
bas(se) low
basané(e) swarthy, tanned
baser to base
bateau *m.* boat
bâtiment *m.* building
battre to beat
bavardage *m.* chattering, jabbering
bavarder to chatter
beau (belle) beautiful; **avoir beau** (*with inf.*) to do something in vain

beaucoup much
beauté *f.* beauty
bêcher to dig
bégayer to stammer
berger *m.* shepherd
besogne *f.* task
besoin *m.* need, want; **avoir besoin de** to need; **subvenir aux besoins de** to provide for the wants of
bestiaire *m.* bestiary, book of beasts
bête *f.* beast, animal
bête stupid
bibelot *m.* curio, knickknack
Bible *f.* Bible
bien *m.* possession, asset
bien well, all right; **bien de** much; **eh bien!** well!; **ou bien** or; **si bien que** so that
bien aimé *m.* beloved
bière *f.* coffin
bière *f.* beer
bijou *m.* jewel
bijoutier *m.* jeweler
bilieux (bilieuse) bilious, irascible
billet *m.* note, ticket, promissory note
bizarre strange, queer, extraordinary
blafard(e) pale, wan, leaden
blanc *m.* white
blanc (blanche) white
blanchâtre whitish
blancheur *f.* whiteness
blanchir to whiten; **blanchir à la chaux** to whitewash
blême livid, pale
blessant(e) hurtful, offensive

blesser to wound, to hurt
bleu(e) blue
blond(e) blond
boeuf *m.* ox
boire to drink
bois *m.* wood, forest
boisson *f.* drink
boîte *f.* box
boiter to limp
bombé(e) convex, bulging
bon(ne) good; **bon sens** common sense; **de bonne heure** early
bonheur *m.* happiness
bonjour *m.* good day, good morning, good afternoon
bonne *f.* maid, housekeeper
bonnet *m.* cap
bord *m.* border, edge; **être au bord du tombeau** to be at death's door
border to border
bosse *f.* hump
bouche *f.* mouth
boucher *m.* butcher
boue *f.* mud
bouillir to boil
bouquet *m.* bouquet, bunch
bourdonner to buzz
bourgeois *m.* bourgeois, middle-class person; *Le Bourgeois gentilhomme The Would-Be Gentleman*
bout *m.* end, extremity; **à bout de bras** at arm's length; **au bout de** after, at the end of; **vous en viendrez à bout** you'll succeed
boutique *f.* shop
bouton *m.* button, pimple

boutonnière *f.* buttonhole; **à la boutonnière** in one's buttonhole
bracelet *m.* bracelet
bramer to bellow like a stag
bras *m.* arm; **à bout de bras** at arm's length
brassard *m.* armband, mourning band
bredouiller to stammer, to mumble
bref (brève) short, brief
Bretonne *f.* a woman from Brittany
breuvage *m.* beverage, draught
breveter to patent
brièvement briefly
brillant(e) shining, brilliant
briller to shine
briser to break
bronze *m.* bronze
brosse *f.* brush; **brosse à dents** toothbrush; **être coiffé en brosse** to wear a crew cut
brou *m.* shell of a nut; **brou de noix** walnut stain
brouillamini *m.* confusion
bruit *m.* noise
brûler to burn
brun(e) brown, dark-haired, dark-skinned
brusque abrupt
brusquement abruptly
bruyère *f.* heather
bureau *m.* office, desk
but *m.* aim, end

ça that
cabinet *m.* cabinet
cacher to hide

cadence f. cadence, rhythm
cadre m. frame, setting
café m. coffee, coffee house; **café au lait** coffee with milk
cafetière f. coffee pot
cahier m. notebook
cahot m. jolt, bump
calepin m. notebook
calme m. calm, stillness
calme calm, quiet
calmer to calm
calorifère m. radiator
calotte f. skullcap, crown of a hat
camarade m. or f. comrade, friend
camaraderie f. comradeship
campagne f. plain, countryside
camus(e) flat-nosed, snub-nosed
candide ingenious, artless
canne f. stick, cane
capable capable
capital m. capital, assets
capital(e) capital, great
capitonné(e) upholstered
caprice m. caprice, whim
car for, because
caractère m. character
caractériser to characterize
caractéristique characteristic
caricature f. caricature
carré(e) square
carreau m. square; **à carreaux** checkered
carrière f. career, course
carte f. card
casquette f. cap
casserole f. saucepan
caste f. caste, class
catégorie f. category

cause f. cause; **à cause de** because of
causer to converse, to chat; to cause
causerie f. chat
cavité f. cavity
ce, cet, cette, ces this, that; these, those
ce it, he, she; **ce que** that which, what
céder to give way, to give up
cela, ça that
célèbre famous
céleste celestial, heavenly
celle f. pron. that, the one
celui m. pron. that, the one
cendre f. ashes
cent hundred
centre m. center
cependant nevertheless
cercueil m. coffin
cerf m. stag
certain(e) certain
certainement certainly
certes indeed
certitude f. certainty
cesse f. ceasing; **sans cesse** unceasingly
cesser to cease
cette see **ce**
ceux m. pl. pron. those, the ones
chacun(e) each
chagrin m. sorrow
chaîne f. chain
chair f. flesh
chaise f. chair
chaleur f. heat
chambre f. room
chameau m. camel
champ m. field

chancre *m.* canker, ulcer
chandelle *f.* candle
changeant(e) changing; change-able, fickle
changement *m.* change
changer to change
chanson *f.* song
chant *m.* song
chanter to sing
chapeau *m.* hat
chapelet *m.* rosary; chain, neck-lace
chapitre *m.* chapter
chaque each
charmant(e) charming
charme *m.* charm
charmer to charm
chasse *f.* hunt
chat *m.* cat
châtier to punish
chaud(e) warm, hot; **avoir chaud** to be warm; **attraper un chaud et froid** to catch a chill; **il fait chaud** it is warm
chauffage *m.* heating
chauffer to warm, to heat
chaussure *f.* shoe, footwear
chaux *f.* caustic lime; **blanchir à la chaux** to whitewash
chef *m.* head, chief
chemin *m.* way, road; **faire le chemin** to make the trip
cheminée *f.* fireplace
chemise *f.* shirt
cher (chère) dear, beloved; expensive
chercher to seek, to look for
chéri(e) cherished, dear
cheval *m.* horse
chevalet *m.* stand, easel
cheveu *m.* hair

chez at, to, in; **chez soi** at one's house
chic smart, stylish
chien *m.* dog
chiffre *m.* figure, number
choeur *m.* choir, chorus; **enfant de choeur** altar boy
choisir to choose
chose *f.* thing; **quelque chose** something
choquer to clink, to strike
chuchoter to whisper
ciel *m.* sky
cigarette *f.* cigarette
cimetière *m.* cemetery
cinéma *m.* movie theater
cinq five
cinquantaine *f.* about fifty
cinquante fifty
circonstance *f.* circumstance, event
cirque *m.* circus
citation *f.* citation
clair(e) light, bright, clear
clairvoyant(e) discerning
clappement *m.* smacking, click-ing
clarté *f.* clarity
classer to file; **une affaire classée** a finished matter
classique classical
claudiquer to limp
clef *f.* key
cloche *f.* bell
cocher *m.* coachman
coeur *m.* heart; **apprendre par coeur** to memorize, to learn by heart
coffret *m.* small box
coiffure *f.* hairdo
coin *m.* angle, corner

col *m.* collar
colère *f.* anger; **se mettre en colère** to lose one's temper
collègue *m. or f.* colleague
collier *m.* necklace
colline *f.* hill
coloré(e) colored, tinted
colorer to color
coloris *m.* color, coloring
combien how much, how many
combustion *f.* combustion
comédie *f.* comedy
comète *f.* comet
comme as, like; how
commencement *m.* beginning
commencer to begin, to start
comment how, what
commentaire *m.* commentary
commenter to comment
commerçant *m.* merchant
commis *m.* clerk
commun(e) common
commutateur *m.* switch
campagne *f.* countryside
compagnie *f.* company, firm
compagnon *m.* companion, associate
comparable comparable
comparaison *f.* comparison
comparer to compare
compassion *f.* compassion
complet (complète) complete, full
complètement completely
comporter to comprise
composer to make up, to compose
composition *f.* composition, essay
comprendre to understand
compromettre to compromise

compte *m.* account; **tout compte fait** all things considered
compter to count, to take into account
comptoir *m.* counter
concentration *f.* concentration
concerner to concern; **en ce qui concerne** concerning, with regard to
concevoir to conceive
concierge *m. or f.* doorkeeper, caretaker
concis(e) concise
conclusion *f.* conclusion
concret (concrète) concrete
condamnation *f.* condemnation, sentence; **condamnation à mort** death sentence
condamner to condemn
condescendre to condescend
condition *f.* condition, term; **faire condition** to stipulate
condoléances *f. pl.* condolence
conducteur *m.* conductor
conduire to lead, to conduct
conférence *f.* lecture
conférencier *m.* lecturer
confiance *f.* confidence, trust
confidence *f.* secret, confidence
confier to confide
confondre to confuse
confortable comfortable
confus(e) confused, embarrassed
confusion *f.* confusion
congé *m.* leave, holiday
conjecture *f.* conjecture, guess
conjonction *f.* conjunction
conjuguer to conjugate
connaissance *f.* knowledge, acquaintance

connaître to know
connu(e) known
consacrer to consecrate, to dedicate
conscience *f.* conscience
conseil *m.* advice
conséquence *f.* consequence
conséquent(e) consistent; **par conséquent** therefore, accordingly
conserver to preserve
considérable considerable
considération *f.* consideration
considérer to consider
consister to consist
consoler to console
consonne *f.* consonant
constamment constantly
constater to ascertain, to note
consterner to dismay
constituer to constitute, to make up
constitution *f.* constitution
consulter to consult
conte *m.* story, tale
contempler to contemplate
contemporain(e) contemporary
content(e) happy, content
conter to tell, to relate
conteur *m.* storywriter, storyteller
contexte *m.* context
continuer to continue
contour *m.* outline
contraire *m.* contrary
contre against
convaincu(e) convinced
convenable proper
conversation *f.* conversation
convexe convex

convoi *m.* funeral procession
copie *f.* copy, duplicate
copier to copy
coquet(te) stylish
coquetterie *f.* coquetry
coquille *f.* shell
corbillard *m.* hearse
corde *f.* rope, cord
cordon *m.* ribbon, band, string
corne *f.* horn, feeler
corps *m.* body
correspondre to correspond
corriger to correct
cortège *m.* procession; **cortège funèbre** funeral procession
costume *m.* suit
côté *m.* side; **à côté de** next to
coteau *m.* slope, hillside
coton *m.* cotton
cou *m.* neck; **sauter au cou de quelqu'un** to throw one's arms around someone
(se) coucher to go to bed
coucher du soleil *m.* sunset
couler to flow
couleur *f.* color
coup *m.* blow, knock; **du premier coup** at the first attempt; **tout à coup** suddenly; **tout d'un coup** suddenly, all at once
coupe *f.* cut, division
coupé *m.* carriage
couper to cut; **couper au plus court** to take a short cut
cour *f.* court, courtyard
courage *m.* courage
courant *m.* current, stream
courant(e) running
courbe *f.* curve

courber to bend
courir to run
cours *m.* course; **au cours de** during
course *f.* race; errand
court(e) short; **couper au plus court** to take a short cut
coûter to cost
coutume *f.* habit, custom
couvent *m.* convent
couvercle *m.* lid, cover
couvert(e) covered
couverture *f.* cover, covering
couvrir to cover
crachat *m.* spittle
cracher to spit
craindre to fear
crainte *f.* fear
craintif (craintive) fearful
crâne *m.* skull, cranium
cravate *f.* necktie
crayon *m.* pencil
credo *m.* creed
créer to create
crêpe *m.* mourning band
crépitement *m.* crackling
creuser to dig, to furrow
cri *m.* cry, call
crier to cry, to shout
crime *m.* crime
crise *f.* crisis
critique *f.* criticism
critique *m.* critic
critiquer to criticize
crocodile *m.* crocodile, alligator
croire to believe
croiser to cross
croix *f.* cross
crottin *m.* dung
cruel(le) cruel

cubiste cubist
cueillir to pick, to gather
cuir *m.* leather
cuisine *f.* kitchen
culotte *f.* pants; **culotte courte** knee breeches
cultiver to cultivate
curé *m.* catholic parish priest
curieux (curieuse) curious, peculiar, odd
curiosité *f.* curiosity
cyprès *m.* cypress

daigner to deign
dame *f.* lady
dans in
danse *f.* dance, dancing
danser to dance
date *f.* date
davantage more
de from, of, some, any, with; **d'après** according to
déborder to overflow, to burst forth
debout standing
début *m.* beginning
deçà here, on this side
décédé(e) deceased
décevoir to deceive
décharge *f.* discharge
déchirement *m.* tearing, rending
déchirer to tear
décidément definitely
décider to decide
déclaration *f.* declaration
déclarer to declare
déclassé(e) *m. or f.* someone who has come down in the world

décorer to decorate
décourager to discourage
découvrir to discover, to uncover
décrire to describe
déçu(e) disappointed
dedans inside, in
défaut *m.* fault
défendre to defend, to forbid
défunt *m.* deceased
défunte *f.* deceased
dégager to disengage, to bring out
déguiser to disguise
dehors outside
déjà already
delà there, on that side
(se) délasser to rest, to relax
délégué(e) delegated, assigned
délicat(e) delicate
délicatesse *f.* refinement
délices *f. pl.* delights
demain tomorrow
demande *f.* request, inquiry
demander to ask, to ask for
demeurer to live, to reside, to remain, to stay
dénouer to untie, to undo, to unravel
dense dense
dent *f.* tooth
départ *m.* departure
dépasser to go beyond, to run past
(se) dépêcher to hurry, to hasten
dépendance dependence
dépendre to depend
dépens *m. pl.* costs, expense
dépenser to spend

dépit *m.* spite, resentment
déplacer to displace, to move
déplaisir displeasure, dissatisfaction
déposer to deposit, to set down
déprimant(e) depressing
depuis since, for
déranger to bother, to inconvenience
dernier (dernière) last
derrière behind
des of the
dès since, from; **dès que** as soon as
désagréable unpleasant
(se) désaltérer to quench one's thirst
désappointer to disappoint
désastre disaster
descendre to descend, to go down, to take down
descente *f.* descent
description *f.* description
désert *m.* desert
désert(e) deserted, empty
désespéré(e) desperate
désespoir despair
désigner to designate
désir *m.* desire
désirer to desire, to wish
désolé(e) distressed; **être désolé** to be sorry
désordonné(e) disorderly, untidy
désordre *m.* disorder
dessiner to draw; **se dessiner** to stand out, to take shape
dessous down, below, under
dessus on, over

destin *m.* fate, destiny
destination *f.* destination
destiner to destine
détacher to detach; **se détacher** to stand out
détail *m.* detail
détérioration *f.* deterioration
déterminer to determine
détourner to divert
détresse *f.* distress
détruire to destroy
dette *f.* debt
deuil *m.* mourning
deux two
deuxième second
devant in front of
développer to develop
devenir to become
dévêtir to undress
deviner to guess
dévisser to unscrew
devoir to have to, should, ought, must; to owe
dévorer to devour
diable *m.* devil
dialogue *m.* dialogue
diamant *m.* diamond
dictée *f.* dictation
dieu *m.* god
différence *f.* difference
différencier to differentiate
différent(e) different
différer to differ
difficile difficult, hard
difficulté *f.* difficulty
diffuser to diffuse
dignité *f.* dignity
dilatation *f.* dilation, expansion
dimanche *m.* Sunday

diminuer to diminish
dîner to dine
dîner *m.* dinner
dire to say; **vouloir dire** to mean
directeur *m.* director
direction *f.* direction
(se) diriger to go towards
discourir to talk about, to discourse
discours *m.* speech
disloquer to dislocate, to put out of joint
disparaître to disappear
disparue *f.* the deceased
disposer to dispose, to arrange
disposition *f.* disposal, command
disproportion *f.* disproportion
dissiper to dissipate; **se dissiper** to vanish
distance *f.* distance
distillé(e) distilled
distinct(e) distinct, clear
distinction *f.* distinction
distingué(e) distinguished
distraire to divert, to distract
dit(e) called, so-called
divers(e) various, different
divertir to entertain
diviser to divide
dix ten
dix-huit eighteen
dizaine *f.* about ten
document *m.* document
dodeliner to nod, to wag
doigt *m.* finger
domaine *m.* domain
dôme *m.* dome

domestique *m. or. f.* servant
domestique domestic
domestiquer to domesticate, to tame
dominer to dominate
dompter to overcome, to tame
donc therefore
donner to give
dont whose, of which
doré(e) gilded, golden
dormir to sleep
dos *m.* back
dossier *m.* back of a chair; file, records
dot *f.* dowry
double double, twofold
doucement slowly, gently
douleur *f.* suffering, pain
douloureux (douloureuse) painful
doute *m.* doubt; **sans doute** probably
doux (douce) sweet, mild, gentle
douze twelve
dramatique dramatic
dramaturge *m.* playwright, dramatist
drame *m.* drama
drap *m.* cloth, sheet
dresser to set up; **se dresser** to straighten up, to stand up
droit *m.* right
droit(e) straight, upright
drôle funny, odd
dromadaire *m.* dromedary
du of the
duc *m.* duke
dur(e) hard, difficult, tough
durant during

durée *f.* duration
durer to last

eau *f.* water
éblouissant(e) dazzling
écarter to separate
échanger to exchange
échapper to flee, to escape
échelle *f.* scale
écho *m.* echo
éclaboussement *m.* splashing, spattering
éclair *m.* lightning
éclairé(e) lighted
éclat *m.* flash, burst
éclatant(e) bright, dazzling
éclater to blow up, to burst
écolier *m.* schoolboy
économe thrifty
économie *f.* economy, saving, thrift; *pl.* savings; **faire des économies** to save money
(s')écouler to slip away, to flow away
écouter to listen
(s')écrier to cry out, to exclaim
écrin *m.* jewel case
écrire to write; **par écrit** written
écrivain *m.* writer
écume *f.* foam
édifice *m.* building
effacer to obliterate, to delete
effarement *m.* state of fright and confusion
effarer to frighten, to startle
effet *m.* effect
effort *m.* effort
effrayer to scare
effroyable dreadful

égal(e) equal
église *f.* church
eh bien! well!
élargir to enlarge
électrique electrical
élégance *f.* elegance
élégant(e) elegant
élément *m.* element
éléphant *m.* elephant
élévation *f.* elevation
élève *m. or f.* student, pupil
élevé high
élever to raise
elle she, it
éloge *m.* praise
éloigner to remove to a distance
émaner to emanate
embarrassé(e) embarrassed
embaumé(e) perfumed, scented
embrasser to embrace, to kiss
émettre to emit, to send out
émotion *f.* emotion
empiler to pile up, to stack
emploi *m.* use
employé *m.* employee, clerk
employer to use
emportement *m.* violent emotion
emporter to carry away
empressé(e) eager, fervent
emprunté(e) borrowed, embarrassed
emprunter to borrow
ému(e) moved
en *prep.* in; **en somme** in short
en *pron.* of it, of them
encens *m.* incense
encensoir *m.* censer
enchanter to enchant
encore still, more, yet

endormi asleep
endroit *m.* place
énergie *f.* energy
énervement *m.* irritation, exasperation
enfant *m. or f.* child; **enfant de choeur** altar boy
enfer *m.* hell
enfermer to close in, to lock up
enfin finally, at last, well
enfoncé(e) deep-set
enfoncer to smash in, to push in
(s')enfuir to flee, to escape
engagement *m.* obligation, contract
engager to hire
engloutir to swallow
engourdi(e) numbed, sluggish
(s')enivrer to become drunk
enlaidir to make ugly, to become ugly
enlever to remove
(s')ennuyer to be bored
enrager to be mad, to be angry
enseigner to teach
ensemble *m.* whole, entirety
ensemble together
ensevelir to bury
ensuite afterwards
entendre to hear, to understand
enterrement *m.* burial, funeral
enterrer to bury
entier (entière) whole, entire
entièrement entirely, wholly
entourer to surround
entre between; **deux d'entre eux** two of them
entrée *f.* entrance
entreprendre to undertake
entrer to enter

entretien *m.* conversation, interview
enveloppe *f.* covering, envelope
envelopper to wrap, to envelop
envie *f.* desire; **avoir envie de** to want, to crave
envier to envy, to covet
(s')envoler to fly away
épais(se) thick
épaissir to thicken
épargner to save up, to spare
épaule *f.* shoulder
éperdu(e) wild, distracted
éperdument madly
épervier *m.* sparrow hawk
épicier *m.* grocer
épique epic
épisode *m.* episode
épistolaire epistolary
époque *f.* time, epoch
épouser to marry
épouse *f.* wife
épouvantable horrid, hideous, dreadful
épouvanter to terrify
époux *m.* husband
épreuve *f.* test, trial
erreur *f.* mistake, error
escalier *m.* stairs, stairway
escargot *m.* snail
escorter to escort
espace *m.* space
espèce *f.* kind, sort; **espèce humaine** mankind; **en l'espèce** in this case
espérance *f.* hope
espérer to hope
espoir *m.* hope
esprit *m.* mind, spirit
essayer to try, to try on

essayiste *m.* essayist
essence *f.* essence; gasoline
essuyer to wipe
estimable estimable
estimer to value, to appraise
estomac *m.* stomach
estrade *f.* platform, stage
estuaire *m.* estuary
et and
établir to establish, to work out
établissement *m.* establishment
étage *m.* floor, level
étaler to spread out
état *m.* state
États-Unis *m. pl.* United States
été *m.* summer
éteindre to extinguish, to turn off
étendre to stretch
étendu(e) stretched out
étendue *f.* area
éternel(le) eternal
éternité *f.* eternity
éthique *f.* ethics
étoffe *f.* fabric
étoile *f.* star
étonnant(e) astonishing
étonnement *m.* astonishment, surprise
étonner to surprise; **s'étonner** to be surprised
étourdi(e) dizzy
étrange strange
étranger *m.* stranger, foreigner
étranger (étrangère) foreign, strange
être to be; **être désolé** to be sorry; **peut-être** maybe
étroit(e) narrow
étudiant *m.* student

étudier to study

évanouissement *m.* fainting spell

éveiller to awake, to arouse

événement *m.* event

(s')éventer to fan oneself

éviter to avoid

évoquer to evoke

exact(e) exact, right

exactement exactly

exagération *f.* exaggeration

exalter to exalt, to glorify; **s'exalter** to grow enthusiastic

exception *f.* exception

excès *m.* excess

excessif (excessive) excessive, extreme

excessivement excessively

excité(e) excited

exclamation *f.* exclamation

excrément *m.* excrement

excuse *f.* excuse

excuser to excuse; **s'excuser** to apologize

exemple *m.* example; **par exemple** for example

exempt(e) exempt

exempter to exempt

exercice *m.* exercise

exhortation *f.* exhortation

exiger to require

exiler to exile

existence *f.* life

exister to exist

exotique exotic

expérience *f.* experience

explication *f.* explanation

expliquer to explain

exploiter to exploit

exploser to explode

exposé *m.* statement, report

expression *f.* expression

exprimer to express

exquis(e) exquisite

extase *f.* ecstasy

extérieur *m.* exterior

extraordinaire extraordinary

extrême extreme

fable *f.* fable, tale

fabuliste *m.* fabulist

face *f.* face; **en face de** in front of, opposite

(se) fâcher to get angry

facile easy

facilement easily

façon *f.* way, manner

faible weak

faiblesse *f.* weakness

faim *f.* hunger; **avoir faim** to be hungry

fainéant *m.* idler, sluggard

faire to do, to make, to cause to be made; **faire attention** to pay attention, to be careful; **faire chaud** to be hot; **faire le chemin** to make the trip; **faire condition** to stipulate; **faire des économies** to save; **faire des heures de route** to spend hours on the road; **faire honneur à** to honor; **faire mal** to hurt; **faire la moue** to pout; **faire partie de** to be part of; **faire un rêve** to dream; **faire un tour** to take a walk; **se faire à** to get accustomed to

fait *m.* fact

falloir to have to, to need, must;

comme il faut   proper, properly

familial(e)   pertaining to the family

familier (familière)   familiar

familièrement   familiarly

famille *f.*   family

fantaisie *f.*   fancy, imagination

fantaisiste   whimsical

farce *f.*   farce

farceur *m.*   joker, prankster

faste *m.*   ostentation

fatigant(e)   tiring, tiresome

fatigue *f.*   tiredness, fatigue

fatigué(e)   tired

fatiguer   to tire

faut   *see* **falloir**

faute *f.*   fault, mistake

fauteuil *m.*   armchair

faux (fausse)   false

fécond(e)   fruitful

féerie *f.*   enchantment

félicité *f.*   happiness, bliss

femme *f.*   woman, wife

fenêtre *f.*   window

fermé(e)   closed

fermenter   to ferment

fermer   to close

fermeture *f.*   clasp

fertile   fertile

fête *f.*   party feast

fêter   to celebrate, to feast

feu *m.*   fire; **feu follet**   will-o'-the-wisp

feuille *f.*   leaf; **feuille à feuille**   leaf by leaf

feutre *m.*   felt; felt hat

février *m.*   February

fiacre *m.*   a carriage for hire

fiancé *m.*   betrothed

fidèle   faithful

fidélité *f.*   fidelity

fier (fière)   proud

figure *f.*   face; diagram

figuré(e)   figurative

fille *f.*   daughter, girl

fils *m.*   son

fin *f.*   end

fin(e)   fine

finalement   finally

financièrement   financially

finesse *f.*   delicacy, subtlety, fineness

finir   to end, to finish

fixement   fixedly

fixer   to set, to fix

flamme *f.*   flame

flanc *m.*   flank, side

flâner   to lounge about; to stroll

flatter   to flatter

fleur *f.*   flower

fleuri(e)   florid, in bloom

fleuve *m.*   river

flot *m.*   wave, water

fluidité *f.*   fluidity

foi *f.*   faith; **ma foi!**   indeed!

foin *m.*   hay

fois *f.*   time, times; **à la fois**   together, at the same time

folie *f.*   madness

follet(te)   lively; **feu follet**   will-o'-the-wisp

fonction *f.*   function

fond *m.*   bottom, background, far end; **à fond**   thoroughly; **dans le fond**   after all, all things considered

fonds *m.*   stock, estate

force *f.*   strength

forêt *f.*   forest

forme *f.* form, shape
former to form, to shape
formule *f.* set form, formula
fort *m.* strong person
fort very, strongly, loudly
fort(e) strong, loud
fortement strongly
fortuit(e) fortuitous, by chance
fortune *f.* fortune
fou (folle) mad
foudre *f.* thunderbolt
fouet *m.* whip
fouiller to search
foulard *m.* scarf
fouler to tread on, to crush
fournir to furnish
fourrure *f.* fur
frais (fraîche) fresh
franc *m.* franc (*French monetary unit*)
français(e) French
frapper to strike, to knock; to impress
fraternel(le) fraternal
frelon *m.* hornet
frémir to quiver, to shudder
frémissement *m.* tremor, quivering
fréquent(e) frequent
frère *m.* brother
frictionner to rub
frisé(e) curly
frivole frivolous
frivolité *f.* frivolity
froid *m.* cold; **attraper un chaud et froid** to catch a chill; **attraper froid** to catch a chill
froid(e) cold
froissé(e) vexed, annoyed
frôlement *m.* a light touch

frôler to touch lightly
front *m.* forehead
frotter to rub
fruit *m.* fruit
fruitier *m.* vegetable, fruit man
fruitier (fruitière) fruitbearing
fugitif (fugitive) fleeting, ephemeral
fuir to flee, to fly
fumer to smoke
funèbre funereal; **cortège funèbre** funeral procession; **pompes funèbres** undertaker
funeste deadly, fatal
fureur *f.* fury
furieux (furieuse) furious
fusil *m.* shotgun
futur *m.* future

gagner to win, to get the better of; to reach
gai(e) gay
galant(e) gallant, amorous
galanterie *f.* politeness, flattery
garçon *m.* boy
garde *f.* nurse
garder to keep; **se garder de** to take care not to
gauche left, awkward
géant *m.* giant
gelinotte *f.* grouse
gémir to groan, to moan
gêner to bother, to make uneasy
général(e) general; **en général** generally
génération *f.* generation
gens *m. pl.* people; **les gens du monde** the fashionable people
gentilhomme *m.* gentleman, nobleman; *Le Bourgeois gen-*

tilhomme The Would-Be Gentleman

gentiment nicely

géranium *m.* geranium

gérer to manage

geste *m.* gesture

girafe *f.* giraffe

glace *f.* mirror

glisser to slide, to glide

gloire *f.* glory

glorieux (glorieuse) proud, glorious

gluant(e) sticky, gluey

gorge *f.* neck, breast

gorger to gorge, to cram

goudron *m.* tar, pitch

goutte *f.* drop

gouverner to govern, to rule

grâce *f.* gracefulness, grace

gracieux (gracieuse) graceful, gracious

grammatical(e) grammatical

grand(e) big, tall

grandeur *f.* size

gras(se) greasy

grave grave, serious, deep

gravement seriously

grêle *f.* hail

grelottant(e) trembling, shivering

grimace *f.* grimace

grincer to creak

grincheux (grincheuse) grumpy

gris(e) gray

grisé(e) intoxicated, drunk

gros (grosse) big, fat, heavy

grotte *f.* grotto

groupe *m.* group

guère not much; **ne ... guère** hardly, scarcely

guérir to cure

guerre *f.* war

habile skillful, clever

habillement *m.* clothing

habiller to dress

habit *m.* costume, dress

habitant *m.* inhabitant

habiter to inhabit, to reside

habitude *f.* habit, custom; **d'habitude** usually, ordinarily

habituer to accustom; **s'habituer** to get used to

haleine *f.* breath

hanneton *m.* June bug

hardi(e) bold, daring

harmonie *f.* harmony

harmonieux (harmonieuse) harmonious

hâte *f.* haste, hurry

(se) hâter to hasten, to hurry

hausser to raise

haut *m.* upper part, top

haut(e) high, loud; **à haute voix** aloud; **parler haut** to speak loudly

hautain(e) haughty

hauteur *f.* height

hein? Eh? What?

hélas alas

herbe *f.* grass

héritage *m.* inheritance, heritage

héroïquement heroically

hésitant(e) hesitating

hésitation *f.* hesitation

hésiter to hesitate

heure *f.* hour; o'clock; **de bonne heure** early; **tout à l'heure** presently, soon

heureux (heureuse) happy
hier yesterday
hiérarchie *f.* hierarchy
hippopotame *m.* hippopotamus
histoire *f.* story, history
historien *m.* historian
hiver *m.* winter
hocher to shake, to wag
hommage *m.* homage; **hom-mages** *pl.* respects
homme *m.* man
honneur *m.* honor; **faire honneur à** to honor
honteux (honteuse) ashamed
horrible horrible
hors outside
hôtel *m.* hotel, building
houx *m.* holly
huit eight
humain(e) human
humanité *f.* humanity, kindness
humble humble
humide humid
humidité *f.* humidity
humiliant(e) humiliating
humour *m.* humor
hypocrisie *f.* hypocrisy

ici here; **ici-bas** here on earth
idéal(e) ideal
idée *f.* idea
ignorant(e) ignorant
ignorer to ignore; not to know
il he, it; **il y a** ago
île *f.* island
illuminer to illuminate
illustrer to illustrate
image *f.* image
imagé(e) vivid, picturesque

imagination *f.* imagination
imaginer to imagine
immédiat(e) near, sudden
immédiatement immediately
immense immense, huge
immobile still, motionless
immobiliser to immobilize
immodéré(e) immoderate
immortel(le) immortal
imparfait *m.* imperfect
impatience *f.* impatience
impatient impatient
impératif *m.* imperative
impersonnel(le) impersonal
impétueux (impétueuse) impetuous
implorer to implore
importance *f.* importance
importer (*impersonal verb*) to be of importance, to matter, to signify; **n'importe quoi** anything
impression *f.* impression
impressionner to make an impression, to move, to affect
imprévu(e) unforeseen, unexpected
imprimer to stamp, to print
inattendu(e) unexpected
incapable incapable
incertitude *f.* uncertainty
incessant(e) incessant
incident *m.* incident, occurrence
incliné(e) bent
incliner to bend
incommode inconvenient, uncomfortable
inconnu(e) unknown
indigent(e) poor, needy
indignation *f.* indignation

indigner to make indignant
indiquer to indicate, to show
individu *m.* individual
inégal(e) unequal
inégalité *f.* inequality
inestimable invaluable, priceless
infini(e) infinite
infinitif *m.* infinitive
infirmière *f.* nurse
infirmité *f.* infirmity, physical disability
inflexion *f.* inflection
influence *f.* influence
influencer ·to influence
informer to inform; **s'informer** to inquire
inhumain(e) inhuman, cruel
injure *f.* wrong, insult
injurier to insult
innocent(e) innocent
inquiet (inquiète) restless, anxious, worried
insecte *m.* insect
insensiblement imperceptibly
insolation *f.* sunstroke
insomnie *f.* insomnia, sleeplessness
insoutenable unbearable, indefensible
inspiration *f.* inspiration
inspirer to inspire
installation *f.* installation
instinct *m.* instinct
instruction *f.* instruction, education
instruire to instruct, to teach
insulte *f.* insult
insulter to insult

insupportable unbearable
intelligence *f.* intelligence
intercepter to intercept, to cut off
interdire to forbid
intéressant(e) interesting
intéresser to interest
intérêt *m.* interest
intérieur(e) interior, inner
interrompre to interrupt
intervenir to intervene
intime intimate
intimité *f.* intimacy
intituler to entitle, to give a title to
intrigue *f.* intrigue; plot
inutile useless
invective *f.* invective
inventer to invent
invitation *f.* invitation
inviter to invite
ironique ironical
irrégulier (irrégulière) irregular
irritation *f.* irritation
irrité(e) irritated
issue *f.* way out
ivre inebriated, drunk
ivresse *f.* intoxication; ecstasy
ivrogne *m.* drunkard

jacassement *m.* chattering
jaloux (jalouse) jealous
jamais never, ever; **ne ... jamais** never; **pour jamais** forever
jambe *f.* leg
janvier *m.* January
jardin *m.* garden
jargon *m.* jargon
jaune yellow

je I
jeter to throw; **jeter l'ancre** to drop the anchor
jeu *m.* game, play; **jeu de mots** play on words
jeune young
jeûner to fast; **à jeun** fasting, on an empty stomach
jeunesse *f.* youth
joaillier *m.* jeweller
joie *f.* joy, gladness
joindre to join, to unite, to bring together
joint(e) joined, together with, added to
joli(e) pretty, nice
joue *f.* cheek
jouer to play
jouir to enjoy
jour *m.* day
journal *m.* newspaper
journée *f.* day
jugement *m.* judgment
juger to judge
jupe *f.* skirt
jurer to swear; to clash
jusque until
juste just, right; **au juste** exactly, precisely
justement precisely, justly
justifier to justify; **se justifier** to clear oneself, to justify oneself

kangourou *m.* kangaroo
kilomètre *m.* kilometer

l' *see* **le**
la *see* **le**

là there; **là-dedans** in there, inside; **là-dessus** there upon; **là-haut** up there; **par là** that way
labourable arable
laboureur *m.* farm laborer, ploughman
lac *m.* lake
lacérer to tear, to lacerate
laid(e) ugly
laideur *f.* ugliness
laine *f.* wool
laisser to let, to leave
lait *m.* milk; **café au lait** coffee with milk
(se) lamenter to lament, to moon, to complain
lampe *f.* lamp
lancer to throw, to fling
langage *m.* language
langue *f.* language, tongue
laquelle *see* **lequel**
laquer to lacquer
large wide, broad
larme *f.* tear
las(se) tired, weary
latin *m.* Latin
laver to wash
le, la, l', les *art.* the; *pron.* he, her, it, them
leçon *f.* lesson
lecteur *m.* reader
lecture *f.* reading
légalement legally
légende *f.* legend
léger (légère) light, lightweight
légèrement lightly, slightly
légion *f.* legion; **légion d'honneur** Legion of Honor

légitime legitimate, lawful
légume *m.* vegetable
lendemain *m.* next day
lent(e) slow
lentement slowly
léopard *m.* leopard
les *see* **le**
**lequel, laquelle, lesquels, les-
quelles** which, who, whom
lettre *f.* letter
leur, leurs *adj.* their
leur *pron.* to them, theirs
lever *m.* rising; **lever du soleil**
sunrise
lever to raise, to lift up; **se lever**
to rise, to stand up
lèvre *f.* lip
libéral(e) liberal
libérer to free, to liberate
liberté *f.* freedom, liberty
libre free
lier to tie, to bind; **être lié avec
quelqu'un** to be on friendly
terms with someone
lieu *m.* locality, place; **au lieu
de** instead of
ligne *f.* line
lilas *m.* lilac
limite *f.* limit, boundary
linge *m.* linen, underwear,
house and table linen
lion *m.* lion
liquide *m.* liquid
lire to read
lisière *f.* edge, border
littéraire literary
littérature *f.* literature
livre *m.* book
logement *m.* lodging
logique *f.* logic

loi *f.* law
loin far
lointain(e) distant
loisir *m.* leisure
long(ue) long; **à la longue** in
the long run
longtemps long, a long time
longueur *f.* length
lorsque when
louer to rent
louis *m.* twenty-franc piece
loup *m.* wolf
lourd(e) heavy
lueur *f.* glimmer, faint light
lui to *or* of him, her, it
lumière *f.* light
lumineux (lumineuse) luminous
lundi *m.* Monday
lune *f.* moon
luxe *m.* luxury
lyrique lyric, lyrical
lyrisme *m.* lyricism

ma *see* **mon**
mâchoire *f.* jaw
madame *f.* Mrs., madam
magnifique magnificent
maigre thin, lean
main *f.* hand; **serrer la main** to
shake hands
maintenant now
mais but
maison *f.* house, home
maître *m.* teacher, master
Majesté *f.* Majesty
mal *m.* evil, illness, ache; **avoir
du mal à** to have difficulty in;
avoir mal à la tête to have a
headache; **faire mal** to hurt
mal badly

malade sick
maladie *f.* sickness, disease
malaise *f.* uneasiness, discomfort
malgré despite, in spite of; **malgré soi** against one's will
malheur *m.* unhappiness, bad luck
malheureux *m.* unfortunate, unlucky, unhappy person
malheureux (malheureuse) luckless, ill-fated, unhappy
malice *f.* malice
maman *f.* mamma, mother
manger to eat
manière *f.* manner, way; **manières** *pl.* airs
manque *m.* lack, want
manquer to miss, to lack
mansarde *f.* attic, garret
manteau *m.* coat
manuel(le) manual
marchand *m.* merchant
marchander to bargain, to haggle over the price
marche *f.* walk, march, procession, step; **se mettre en marche** to get started
marcher to walk; to function
mari *m.* husband
mariage *m.* marriage
marier to marry off; **se marier** to marry
marionnette *f.* marionette, puppet
marque *f.* mark
marquer to mark
marquise *f.* marchioness
martyr *m.* martyr
masculin(e) masculine

masque *m.* mask
masse *f.* mass, bulk
matière *f.* subject, matter
matin *m.* morning
maturité *f.* maturity
mauvais(e) bad, evil
maxime *f.* maxim
me me, to me
méconnaître to fail to recognize
mécontent(e) displeased, dissatisfied
mécontentement *m.* displeasure
médecin *m.* physician
médiocre medium, average, mediocre
médire to speak ill, to vilify
méditation *f.* meditation
meilleur(e) better, best
mélancolie *f.* melancholy
mélancolique melancholy, dejected, gloomy
mélange *m.* mixture
mêler to mix
mélodieux (mélodieuse) melodious, tuneful
même even, same
mémoire *f.* memory
ménage *m.* housekeeping, housework; household, family
mener to lead
mental(e) mental
mentir to lie
menton *m.* chin
méprendre to mistake
méprisant(e) contemptuous
mer *f.* sea
mère *f.* mother
mérite *m.* merit
merveilleux (merveilleuse) wonderful

mes *see* mon
messieurs *m. pl.* gentlemen
mesure *f.* measure; dans une certaine mesure to a certain extent; prendre des mesures to take steps
métal *m.* metal
météore *m.* meteor
mètre *m.* meter
mettre to put; mettre au net to write a clear copy; se mettre to put or place oneself; se mettre à to begin; se mettre en colère to lose one's temper; se mettre en marche to get started
meuble *m.* furniture
meubler to furnish
midi *m.* noon; après-midi afternoon
miel *m.* honey
mien(ne) mine, of mine
mieux better; aimer mieux to prefer
milieu *m.* middle; au milieu de in the middle of, in the midst of, among
militaire *m.* serviceman, soldier
militaire military
mille thousand
million *m.* million
mince thin, slim, slight
mine *f.* appearance, look
minéral *m.* mineral
Ministère *m.* Ministry
Ministre *m.* Minister
minuit *m.* midnight
minute *f.* minute
(se) mirer to look at oneself
miroir *m.* mirror

misanthrope *m.* misanthrope
misérable *m.* wretch
misérable unfortunate, miserable, wretched
misère *f.* poverty, wretchedness, need, misery; avoir l'air misère to look shabby
mission *f.* mission
mode *f.* fashion; tourné à la mode fashionable
modèle *m.* model
modération *f.* moderation
modérer to moderate
moderne modern
modeste modest
mœurs *f. pl.* customs, mores
moi me, to me, for me
moins less; au moins at least; de moins en moins less and less; le moins the least
mois *m.* month
moiteur *f.* moistness, dampness
moitié *f.* half
mollusque *m.* mollusc
moment *m.* moment; à un moment at one time; pour le moment at present, for the time being
mon, ma, mes my
monarque *m.* monarch
mondain(e) worldly
monde *m.* world, people; gens du monde fashionable people; tout le monde everybody
mondial(e) worldwide
monnaie *f.* coin, change, money
monotonie *f.* monotony
monsieur *m.* mister, sir
montagne *f.* mountain
montant(e) rising, highnecked

monter to go up, to climb up, to take up
montrer to show
(se) moquer to mock, to make fun
moral(e) moral, ethical, mental
morale *f.* morals, ethics
morceau *m.* piece
mordre to bite
morgue *f.* morgue, mortuary
morne gloomy
mort *f.* death; **condamnation à mort** death sentence
mort *m.* dead person
mort(e) dead
mortel(le) mortal
mot *m.* word; **jeu de mots** play on words
moteur *m.* motor, engine
mou (molle) soft
mouche *f.* fly; artificial beauty spot
mouchoir *m.* handkerchief
moue *f.* pout; **faire la moue** to pout
moule *m.* mould
mourir to die
mousse *f.* foam, froth
moustache *f.* moustache
mouton *m.* sheep
mouvement *m.* movement
moyen *m.* means, way; **au moyen de** by means of
moyen(ne) average, medium
muet(te) mute
mugir to roar
mur *m.* wall
mûr(e) mature
muraille *f.* wall
murmurer to murmur

musical(e) musical
musique *f.* music
musulman(e) Moslem
mystérieux (mystérieuse) mysterious

naïf (naïve) ingenuous, naïve
nain(e) dwarfish, undersized
naissance *f.* birth
naître to be born
naïvement naïvely
naïveté *f.* ingenuousness, naïvety
nappe *f.* tablecloth
narrateur *m.* narrator
narration *f.* narration
natif (native) native, inborn
nation *f.* nation
naturaliste naturalistic
nature *f.* nature
naturel *m.* nature, disposition
naturel(le) natural
naturellement naturally
ne negative particle
né(e) born
néant *m.* nothingness
nécessaire *m.* what is necessary; **faire le nécessaire** to do what is required
nécessiter to require, to necessitate
nécessiteux (nécessiteuse) in want, needy
neige *f.* snow
neiger to snow
nerveux (nerveuse) nervous
net *m.* clear, clean; **mettre au net** to write a clear copy
net(te) clear, clean, tidy
nettoyer to clean

nez m. nose
ni neither, nor
nid m. nest
nihiliste nihilistic
nippé(e) (fam.) rigged out
niveau m. level
nixe f. water nymph; **nixe nicette** (archaic) flighty water nymph
noble m. nobleman
noctambule   noctambulant, night-roving
noeud m. knot, bow
noir m. black color
noir(e) black, dark
noircir to blacken, to darken
noix f. walnut, nut; **brou de noix** m. walnut stain
nom m. name; **au nom de** in the name of
nombre m. number
nommé(e) named
non no, not; **non plus** not either, neither
nos see **notre**
note f. note
notre our; pl. **nos**
Notre-Dame Our Lady
nourriture f. food
nous we
nouveau (nouvelle) new; **de nouveau** once more, again
nouvelle f. news, piece of news
nuage m. cloud
nuée f. cloud, storm cloud
nuit f. night
nul(le) no, not any
numéro m. number
nymphe f. nymph

objectif (objective) objective
objectivité f. objectivity
objet m. object, thing
obligatoire obligatory
obliger to oblige
oblong(ue) oblong
obscur(e) dark
obscurité f. obscurity, darkness
observateur m. observer
obtenir to obtain
occasion f. occasion, chance
occupé(e) busy, occupied
occuper to occupy; **s'occuper** to keep oneself busy, to look after
océan m. ocean
odeur f. odor, smell
odieux (odieuse) odious
oeil m. eye; pl. **yeux**
oeuvre f. work
officiel(le) official
offrir to offer, to present
oiseau m. bird
ombre f. shadow
on one, people, somebody
oncle m. uncle
onde f. water, wave
ondulatoire ondulatory
ongle m. nail
onze eleven
opération f. operation
opposer to oppose; **s'opposer** to be opposed to
oppresseur m. oppressor
opprimé m. oppressed or persecuted person
or now, well
or m. gold
orage m. storm, thunderstorm

oral(e) oral
ordinaire ordinary, usual, common; **d'ordinaire** usually
ordonnateur *m.* director, organizer of a ceremony
ordre *m.* order
ordures *f. pl.* garbage, rubbish
oreille *f.* ear
organe *m.* organ
orgueilleux (orgueilleuse) proud, conceited
Orient *m.* Orient
oriental(e) oriental
orientation *f.* orientation
ornement *m.* ornament
orthographe *f.* spelling
os *m.* bone
osciller to oscillate, to sway
osé(e) daring, bold
oser to dare
osseux (osseuse) bony
ôter to take off, to take away
ou or
où where
oubli *m.* omission; oblivion
oublier to forget
oui yes
ouragan *m.* hurricane
ourler to hem
ouvert(e) open
ouverture *f.* opening
ouvrage *m.* work
ouvrier *m.* worker
ouvrir to open
ovale oval

page *f.* page
paix *f.* peace
palais *m.* palace; palate

pâle pale
pâlir to become pale
panier *m.* basket
pantalon *m.* trousers, slacks
pantin *m.* puppet
pantoufle *f.* slipper
papier *m.* paper
par by, through, per; **par conséquent** therefore, consequently; **par-ci** here; **par-là** there
paradis *m.* paradise
paradoxe *m.* paradox
paragraphe *m.* paragraph
paraître to appear, to seem
paralysé(e) paralyzed
parce que because
parcourir to go over; to travel, to cover
pardon I beg your pardon, excuse me
pareil(le) like, similar, such
parent *m.* relative, parent
parer to adorn, to ornament
parfaitement perfectly, thoroughly
parfois sometimes
parfum *m.* perfume, scent
parfumer to perfume, to scent; **se parfumer** to use scent
parisien(ne) Parisian
parler to speak
parmi among
parole *f.* word
partager to share, to divide
parti *m.* choice, decision; advantage; **prendre son parti de** to resign oneself to
partie *f.* part; outing; **faire par-**

tie de to belong to, to be part of; **partie de chasse** hunting party

partir to leave, to go away; **à partir de** from

partout everywhere

parure *f.* adornment; string of pearls; diamond necklace

parvenir to attain, to reach, to succeed

pas *m.* step

pas not; **pas du tout** not at all

passablement fairly well, passably

passé *m.* past

passé(e) past

passer to pass, to elapse, to spend; to pass over; **se passer** to happen, to take place

passion *f.* passion

patente *f.* patent

patron *m.* employer, boss

patte *f.* leg or foot of an animal, paw

pauvre poor

pauvreté *f.* poverty

payer to pay

pays *m.* country, land, region

paysage *m.* landscape, scenery

paysan *m.* peasant

peau *f.* skin

peigné(e) combed

peindre to paint, to portray

peine *f.* suffering, trouble, effort; **à peine** hardly, scarcely

peintre *m.* painter

peinture *f.* painting

penché(e) leaning or bending forward

pencher to lean

pendant during, for; **pendant que** while

pendre to hang

pénétrant(e) penetrating, intense

pénétrer to penetrate

pénible painful, distressing

pensée *f.* thought

penser to think

pensionnaire *m. or f.* boarder, resident

perdre to lose

père *m.* father

perle *f.* pearl

perlé(e) beaded, glistening

permanent(e) permanent

permettre to allow, to permit

permission *f.* permission

perruche *f.* parakeet

Persan *m.* Persian

persan(e) Persian

personnage *m.* personage, person of rank; character in play

personne *f.* person

personne anyone, anybody, no one, nobody

personnel(le) personal

personnifier to personify

perspective *f.* perspective

persuader to persuade

perte *f.* loss

peser to weigh

petit(e) little, small

pétrir to mould, to knead

pétrole *m.* petroleum, kerosene

peu little

peuple *m.* the masses, people; common people

peupler to people, to fill

peuplier *m.* poplar

peur *f.* fear
peut-être maybe, perhaps
philosophe *m.* philosopher
philosophie *f.* philosophy
philosophique philosophical
phonétique *f.* phonetics
phrase *f.* sentence
physionomie *f.* physiognomy, countenance, appearance
physique *f.* physics
physique physical, material
pièce *f.* piece; play; coin; room; document
pied *m.* foot; **à pied** on foot
piédestal *m.* pedestal
pierre *f.* stone, gem
pierreries *f. pl.* precious stones
pincer to pinch
piqûre *f.* prick, sting, bite
place *f.* place
placer to put, to place
plage *f.* beach
(se) plaindre to complain, to moan
plaine *f.* plain, flat country
plainte *f.* complaint, groan, moan
plaintif (plaintive) sorrowful, doleful
plaire to please, to be agreeable; **s'il vous plaît** please
plaisant *m.* jester, joker; **mauvais plaisant** practical joker
plaisanter to jest, to joke, to poke fun at
plaisir *m.* pleasure
planche *f.* board
plancher *m.* floor
planer to soar
planète *f.* planet

plante *f.* plant
planter to plant
plat *m.* dish
plat(e) flat
platane *m.* plane tree
plateau *m.* tray
plate-forme *f.* platform
plein(e) full
pleur *m.* tear
pleurer to weep, to cry
pli *m.* fold, pleat
plonger to plunge
pluie *f.* rain
plumier *m.* pencil box, pen box
(la) plupart *f.* the most, the greatest number
plus more; **de plus en plus** more and more; **le plus** the most; **non plus** neither
plus-que-parfait *m.* pluperfect
plutôt rather
poche *f.* pocket
poème *m.* poem; **poème en prose** prose poem
poésie *f.* poetry
poète *m.* poet
poétique poetic
point *m.* point, mark; **point noir** blackhead
point no, not, not at all
pointe *f.* point; **en pointe** pointed, tapering
pointu(e) pointed
poisson *m.* fish
police *f.* police
politesse *f.* politeness
politique political
pomme *f.* apple
pompe *f.* pomp, ceremony; **pompes funèbres** undertaker

pompeux (pompeuse) pompous
ponctuation *f.* punctuation
pont *m.* bridge
populaire popular
populariser to popularize
pore *m.* pore
port *m.* port
porte *f.* door
porte-plume *m.* penholder
porter to carry, to bear; to wear
porteur *m.* porter, bearer
portrait *m.* portrait
poser to put, to lay; **poser une question** to ask a question
position *f.* position
posséder to have, to possess
possession *f.* possession
possible possible
pot *m.*   pot, jug; **pot-au-feu** boiled beef
poterie *f.* earthenware
pour for, in order to, because
pourcentage *m.* percentage
pourquoi why
pourtant yet, however, nevertheless
pousser to push; to grow; to utter
poussière *f.* dust
pouvoir to be able, can, may; **il se peut** it is possible
prairie *f.* meadow
pratique practical
précédent(e) preceding, earlier, previous
précéder to precede, to go before
précieux (précieuse) precious, valuable; affected

précipitation *f.*   precipitation, haste
(se) précipiter to dash, to rush
précis(e) precise, accurate, careful
précisément precisely, exactly
préface *f.* preface, foreword
Préfecture de police *f.* Police Headquarters
premier (première) first
premièrement first, firstly
prendre to take; **prendre des mesures** to take steps; **prendre son parti de** to resign oneself to
préoccupation *f.* preoccupation, concern
préparer to prepare, to get ready
près near, close to
présence *f.* presence
présent *m.* present, gift
présent(e) present, at hand; **à présent** now, at present
présenter to present, to offer; to introduce
presque almost
presser to press, to urge
prêt(e) ready, prepared
prétendre pretend, claim
prétention *f.*   ambition, claim, pretention
prêter to lend
prêteur *m.* lender
prêtre *m.* priest
prévenir to tell, to forewarn
prier to pray, to ask, to request; **je vous prie** please; **je vous en prie** if you please, not at all!
prière *f.* prayer

prince *m.* prince
principal(e) leading, main, principal
principe *m.* principle, beginning; **en principe** theoretically
printemps *m.* spring
privation *f.* privation, want
prix *m.* price; prize
probable probable, likely
probité *f.* uprightness, honesty
problème *m.* problem
procès *m.* trial, criminal proceedings; **sans autre forme de procès** (*fam.*) without more ado
prochain(e) near, impending
prodigieux (prodigieuse) prodigious, wonderful
produire to produce
produit *m.* product
professeur *m.* professor, teacher
profiter to profit, to benefit
profond(e) deep, profound
profondément deeply
projet *m.* project, plan
prolongé(e) continued, prolonged
promenade *f.* walk, stroll
(se) promener to take a walk, to take a ride, to stroll
promettre to promise
pronom *m.* pronoun
prononcer to pronounce, to utter, to deliver
propice propitious, favorable
proportionné(e) proportioned
propos *m.* resolution, matter; **à propos de** about, concerning

proposer to propose, to offer
propre clean, neat; own
propriétaire *m.* owner, proprietor
propriété *f.* property
prose *f.* prose
protecteur (protectrice) protective
protéger to protect
protubérance *f.* protuberance, bump
province *f.* province
public *m.* public, audience
public (publique) public
publier to publish
puéril(e) childish, puerile
puis then, afterwards, next
puisque since, as
pulpe *f.* pulp
punir to punish
puissant(e) powerful
pullover *m.* sweater, pullover
pur(e) pure
pureté *f.* purity

quai *m.* quay, pier
qualité *f.* quality
quand when; **quand même** even though, nevertheless
quantité *f.* quantity
quarante forty
quart *m.* quarter
quatre four; **quatre-vingts** eighty
quatrième fourth
que how; that which, whom, what; **qu'est-ce que** what; **ne ... que** only
quel (quelle) what, which, who

quelque   some, a few; **quelque chose**   something; **quelques-uns**   some
quelquefois   sometimes
quelqu'un   someone
question *f.*   question; **poser une question**   to ask a question
questionnaire *m.*   questionnaire
qui   who, whom, which, that; **qu'est-ce qui**   what
quinze   fifteen
quitter   to leave
quoi   what
quoique   although

raccourcir   to shorten
race *f.*   race
racine *f.*   root
raconter   to tell
rafraîchir   to refresh
rage *f.*   rage, fury
raison *f.*   reason; **avoir raison**   to be right
raisonnable   reasonable
raisonner   to reason, to think
rajeunir   to rejuvenate, to make young again
rallumer   to relight, to rekindle, to light again
rame *f.*   oar
ramener   to take or bring back
rameur *m.*   oarsman, rower
ramoner   to sweep, to clear (*a chimney*)
rang *m.*   row, rank
rangé(e)   well-ordered, tidy, settled
ranger   to put back in place, to tidy up; **se ranger**   to fall into line, to stand back

rapide   fast, swift, rapid
rapidement   quickly
rapidité *f.*   speed, pace
(se) rappeler   to recall, to remember
rapport *m.*   relationship; **par rapport à**   with regard to
rapporter   to bring back, to yield
rapprendre   to learn again
rapprocher   to bring together
rare   rare, infrequent
rasoir *m.*   razor
rat *m.*   rat
rate *f.*   spleen
rattraper   to catch up with, to overtake
ravir   to ravish; to delight
rayé(e)   striped
réaction *f.*   reaction
réalité *f.*   reality, fact; **en réalité**   as a matter of fact, really
rébarbatif (rébarbative)   repulsive, forbidding
récemment   recently
recevoir   to receive
réchauffer   to warm up
recherché(e)   in great demand
récipient *m.*   container, receptacle
récit *m.*   narrative
récitant *m.*   narrator
recommencer   to start again
récompense *f.*   reward
recompter   to count again
reconnaître   to recognize
recouvert(e)   covered
recouvrir   to cover completely; to cover again
rectangle *m.*   rectangle
recueil *m.*   collection, anthology

recueillir to collect, to gather
redouter to dread, to fear
réduire to reduce
refaire to remake, to do again
réfectoire *m.* dining hall
réfléchir to think, to ponder
reflet *m.* reflection
réfléxion *f.* thought, reflection
refrain *m.* refrain
refus *m.* refusal
refuser to refuse, to deny
regard *m.* look, gaze
regarder to look at; to concern
région *f.* region
règle *f.* rule
régler to regulate
régner to reign, to rule
regret *m.* regret
regretter to regret
régularité *f.* regularity
régulier (régulière) regular
régulièrement regularly
rein *m.* kidney; **reins** *pl.* back
rejoindre to join, to catch up with
(se) réjouir to rejoice, to be delighted
relais *m.* relay station
relatif (relative) relative
relever to raise again, to call attention to; **se relever** to rise again
religieusement according to religion, religiously
religieux (religieuse) religious
religion *f.* religion
reluisant(e) shining, glossy
remarque *f.* remark
remarquer to notice
remède *m.* remedy

remercier to thank
remettre to put back
remonter to go up again
remplacer to replace
remplir to fill up, to fill in
remue-ménage *m.* bustle, stir
remuer to move
rencontre *f.* encounter, meeting
rencontrer to meet
rendre to make; to give back; **rendre visite à** to call on, to visit; **se rendre** to go, to proceed
renfermer to shut, to lock, to contain
renforcer to strengthen
renifler to sniffle
renommée *f.* fame
renoncer to give up, to forego
renouveler to renew, to renovate
renseignement *m.* information
renseigner to inform
rentrer to return, to return home
renvoyer to send back, to dismiss
répandre to pour out, to spread
réparer to repair
repasser to pass again
répéter to repeat
répétition *f.* repetition
réplique *f.* answer
répondre to answer
réponse *f.* answer
reporter to carry over
repos *m.* rest
(se) reposer to rest
reprendre to take back, to continue, to begin again
représenter to represent

reproche m.   reproach
reprocher   to reproach
réserver   to reserve, to set aside
résidu m.   residue
(se) résigner   to resign oneself, to submit
résolution f.   resolution
respect m.   respect
respirer   to breathe
ressembler   to look like, to resemble
ressortir   to stand out
ressusciter   to resuscitate, to revive
reste m.   remainder; **au reste** besides, moreover
rester   to stay
restituer   to give back, to return
résumer   to summarize
retenir   to hold back, to retain
retirer   to withdraw
retour m.   return; **sans retour** forever
retourner   to go back; to turn over; **se retourner**   to turn back, to turn around
retroussé(e)   turned up
retrouver   to find again, to meet again
réussir   to succeed
rêvasser   to daydream
rêve m.   dream; **faire un rêve**   to dream
réveil m.   awakening
réveiller   to wake up; **se réveiller**   to awaken
révéler   to reveal
revenir   to come back
réverbération f.   reverberation
rêverie f.   dreaming, reverie

revêtir   to put on
revivre   to live again
revoir   to see again
révolution f.   revolution
rhabiller   to dress again
rhumatisme m.   rheumatism
riant(e)   smiling, cheerful
riche   rich, wealthy
richesse f.   wealth, richness
ride f.   wrinkle
ridé(e)   wrinkled
ridicule m.   ridicule
rien   nothing
rime f.   rhyme
riposter   to retort
rire   to laugh
risquer   to risk
rivage m.   shore
rive f.   shore
rivière f.   river; **rivière de diamants**   diamond necklace
robe f.   dress
roc m.   rock
roche f.   rock
rocher m.   rock
roi m.   king
rôle m.   role
roman m.   novel
romancier m.   novelist
romanesque   romantic
romantique   Romantic (*art, etc.*)
rond(e)   round
ronflement m.   snore, roar, rumbling
rose f.   rose
rose   pink, rose
roseau m.   reed
roseraie f.   rose garden
rouge   red
rougeur f.   redness, flush, glow

rougir to become red, to blush
rouler to roll, to run
route *f.* road; **faire des heures de route** to spend hours on the road
rouvrir to reopen
roux (rousse) red-haired
royal(e) royal
royaume *m.* kingdom
ruban *m.* ribbon, band
rude uncouth, rough
rudement severely; (*fam.*) very
rue *f.* street
ruiner to ruin
ruineux (ruineuse) ruinous
ruisseau *m.* stream
ruisseler to stream
rumeur *f.* confused or distant noise, murmur
rythme *m.* rhythm

sa *see* **son**
sachet *m.* small bag
sage wise, sensible
saison *f.* season
salaire *m.* wages, pay
sale dirty
salive *f.* saliva, spittle
salle *f.* room; **salle à manger** dining room
salon *m.* drawing room, parlor
saluer to greet
sang *m.* blood
sanglot *m.* sob
sans without; **sans doute** no doubt, probably; **sans que** without; **sans cesse** unceasingly
sapin *m.* fir tree
sarrau *m.* overall, smock

satin *m.* satin
satire *f.* satire
satirique satirical
satisfait(e) satisfied, pleased
sauter to jump; **sauter au cou de quelqu'un** to throw one's arms around someone
sauvage savage, wild
sauver to save
savant(e) learned, erudite
savoir to know; **ne savoir trop** to hardly know
savon *m.* soap
savonner to soap, to wash
savourer to enjoy, to savor
scène *f.* scene; stage
science *f.* science, knowledge, learning
scientifique scientific
scolastique scholastic
se himself, herself, itself, themselves, oneself
sec (sèche) dry
sécher to dry
second(e) second
secondaire secondary
second *f.* second
secouer to shake
sécurité security
séduisant(e) alluring, attractive, seductive
seigneur *m.* lord
sel *m.* salt
selon according to
semaine *f.* week
semblable similar, alike
sembler to seem, to appear
sens *m.* sense, understanding, meaning; **bon sens** common sense

sensibilité *f.* sensibility, sensitiveness, feeling
sensible sensitive
sentiment *m.* sentiment
sentir to feel, to be conscious of
sept seven
série *f.* series
sérieux (sérieuse) serious
serrer to clasp, to tighten; **serrer la main** to shake hands
servante *f.* servant
service *m.* service, administration; **de service** on duty
serviette *f.* napkin, towel
servir to serve, to be useful; **se servir de** to use, to utilize
ses *see* **son**
seul(e) alone, only, single
seulement only
si if; so; yes (*in answer to a negative question*); **si fait** yes, indeed!
siècle *m.* century
siège *m.* seat, chair
sien(ne) his, hers, its
sieur *m.* Mr.
signature *f.* signature
signe *m.* sign
signer to sign
signification *f.* meaning
signifier to mean
silence *m.* silence
silencieux (silencieuse) silent
similaire similar
simple simple, unpretentious, plain
simplement simply
simplicité *f.* simplicity
sincère sincere

sincèrement sincerely
sincerité *f.* sincerity
singe *m.* monkey
singulier (singulière) singular, peculiar, odd
sire *m.* sire, lord
sirop *m.* syrup
situation *f.* situation
situer to place, to situate
six six
social(e) social
société *f.* society
soi oneself
soie *f.* silk
soif *f.* thirst; **avoir soif** to be thirsty
soin *m.* care, pain
soir *m.* evening
soirée *f.* evening, party
soit agreed, all right; either ... or
soixante sixty
soleil *m.* sun
solidifier to solidify
solitaire solitary, lonely
solitude *f.* solitude
sombre dark
sommaire *m.* summary
somme *f.* sum, amount; **en somme** in short
sommeil *m.* sleep
somnoler to doze
son *m.* sound
son, sa, ses his, her, its
songer to dream, to muse; to think of
sonner to ring; to strike
sonore sonorous, musical
sorte *f.* kind, sort; **de sorte que** so that

sortie *f.* exit
sortir to go out, to leave
sou *m.* penny
soudain(e) sudden
soudain suddenly
soudainement suddenly
souffler to blow, to pant
souffrance *f.* anguish, suffering
souffrir to suffer
souhaiter to wish
soûl *m.* fill; **tout son soûl** (*fam.*) as much as one wants
soulager to relieve
soulever to raise, to lift up
soulier *m.* shoe
souligner to underline
soupçon *m.* suspicion
souper *m.* supper
soupière *f.* soup tureen
soupir *m.* sigh
soupirer to sigh
souplesse *f.* flexibility
sourcil *m.* eyebrow
sourd(e) dull, muffled, deaf
souriant(e) smiling
sourire to smile
sourire *m.* smile
sous under
soutien *m.* support
(se) souvenir to remember, to recall
souvenir *m.* remembrance
souvent often
souverain *m.* sovereign
spectacle *m.* sight
spectre *m.* spectrum; ghost
sphinx *m.* sphinx
spirale *f.* spiral
spleen *m.* spleen, melancholy

spontané(e) spontaneous
statue *f.* statue
strident(e) shrill, strident
strophe *f.* stanza
stupéfait(e) astounded
stupide stupid
style *m.* style
subdivision *f.* subdivision
subitement suddenly
subjonctif *m.* subjunctive
sublime sublime
substance *f.* substance
substantif *m.* substantive, noun
substitution *f.* substitution
subtil(e) subtle
subvenir to help, to assist; **subvenir aux besoins** to provide for
succès *m.* success
succession *f.* succession
sucer to suck
sucré(e) sugared, sweetened
sueur *f.* sweat
suffire to be enough, to suffice; **suffit!** that's enough!
suggérer to suggest
suite *f.* continuation; **tout de suite** immediately
suivant(e) next, following
suivant according to
suivante *f.* maid
suivre to follow
sujet *m.* subject, cause; **au sujet de** about, concerning
superbe splendid
supérieur(e) superior, upper
superposer to superimpose
supplémentaire supplementary
support *m.* support, stand

supporter to hold up; to endure, to tolerate
supposer to suppose
supprimer to abolish, to suppress
sur on, about, over
sûr(e) certain, sure, reliable; **bien sûr** certainly
surface *f.* surface
surprenant(e) surprising
surpris(e) surprised
surréaliste surrealist
sursauter to give a start, to jump
surtout especially
survenir to arrive unexpectedly
suspendre to suspend, to interrupt, to put off
svelte slender, slim
syllabe *f.* syllable
syllogisme *m.* syllogism
sympathique likable
synonyme *m.* synonym

ta *see* **ton**
table *f.* table
tablier *m.* apron
tâcher to try
taille *f.* height; waist
taillé(e) cut, shaped
(se) taire to be silent, to be quiet
talon *m.* heel
tandis que while
tant so much; **tant de** so many; **tant que** as long as
taper to strike, to beat
tapisserie *f.* tapestry
tard late
tasse *f.* cup
tasser to cram, to squeeze together

taux *m.* rate
te you, to you
teint *m.* complexion
teinté(e) tinted
tel(le) such; **tel que** such as
télégramme *m.* telegram
téléphone *m.* telephone
tellement so; **tellement de** so much
témérité *f.* foolhardiness; rashness
témoigner to testify, to show
témoin *m.* witness
tempe *f.* temple
tempéré(e) moderate, temperate
tempête *f.* storm
temporaire temporary
temps *m.* time, period, epoch; **de temps en temps** once in a while
tendre to stretch
ténébreux (ténébreuse) dark, somber
tenir to keep, to hold; **tiens!** look, look here!
tenture *f.* tapestry
terme *m.* term
terminer to terminate, to end, to finish
terminologie *f.* terminology
terne dull, lusterless
terrain *m.* ground, terrain
terre *f.* soil; earth, world
tes *see* **ton**
tête *f.* head
téter to suck, to suckle
texte *m.* text
thé *m.* tea
théâtre *m.* theater
thème *m.* theme

tic *m.*   tic, twitch
ticket *m.*   ticket
tien(ne)   yours
tigre *m.*   tiger
tintamarre *m.*   din, noise
tirebouchonner   to wind, to spiral
tirer   to draw, to pull out, to shoot at
tiroir *m.*   drawer
tissu *m.*   fabric
titre *m.*   title
tituber   to stagger
toi   you, to you
toilette *f.*   dress, clothes; **faire sa toilette**   to wash up
toit *m.*   roof
tolérance *f.*   tolerance
tombe *f.*   grave
tombeau *m.*   tomb
tomber   to fall
ton, ta, tes   your
ton *m.*   tone, intonation
tonnerre *m.*   thunder
torchère *f.*   candelabrum
torchon *m.*   rag
tort *m.*   error; harm; **avoir tort**   to be wrong
tortiller   to twist
torture *f.*   torture
torturer   to torture
tôt   early
toucher   to touch, to move
toujours   always
tour *m.*   turn, circumference; **faire un tour**   to take a walk
tourbillon *m.*   whirlwind
tourmenté(e)   turbulent, tormented
tourmenter   to bother, to torment

tournant *m.*   turning, bend
tourné(e)   shaped
tourner   to turn
tousser   to cough
tout (toute)   every, all; **tout à coup**   suddenly; **tout à fait**   quite, altogether; **tout à l'heure**   presently, soon; **tout de suite**   immediately; **tout le monde**   everybody
trace *f.*   trace
tradition *f.*   tradition
traditionnel(le)   traditional
traduire   to translate
train *m.*   train
trait *m.*   mark, stroke; **traits** *pl.*   features
traiter   to deal with
trajet *m.*   way, path, journey
tranquille   calm, quiet
tranquillité *f.*   tranquility, peace
transparent(e)   transparent
transpiration *f.*   perspiration
transporter   to transport, to transfer, to carry
travail *m.*   work
travailler   to work
(à) travers   through; **de travers**   the wrong way
traverser   to cross
tremblant(e)   trembling
tremblement *m.*   shaking
trembler   to shake
trente   thirty
très   very, most, very much
trésor *m.*   treasure
tressaillir   to give a start, to tremble
trêve *f.*   truce
tricot *m.*   knitting

tricoter   to knit
trinquer   to clink glasses
triomphe *m.*   triumph
triste   sad
tristement   sadly
tristesse *f.*   sadness
trois   three
troisième   third
(se) tromper   to be mistaken
trop   too much, very much
trottoir *m.*   sidewalk
trou *m.*   hole
trouble *m.*   confusion, disorder
troubler   to bother, to disturb
trouver   to find; **se trouver**   to be located
truffé(e)   stuffed, filled
truite *f.*   trout
tu   you
tuer   to kill
(à) tue-tête   at the top of one's lungs

ulcération *f.*   ulceration
un(e)   one, a
uni(e)   united; smooth
univers *m.*   universe
universaux *m. pl.*   universals in Scholastic philosophy
usage *m.*   use
user   to wear out
usuel(le)   usual, customary
usure *f.*   wear and tear; usury
usurier *m.*   usurer
utile   useful

vache *f.*   cow
vaciller   to vacillate, to sway; to hesitate
vague *f.*   wave

vain(e)   vain, futile; **en vain**   in vain, uselessly
vaincre   to conquer, to surmount, to overcome
vaisselle *f.*   plates and dishes, china
valet *m.*   valet, manservant
valeur *f.*   value
valide   sound, fit, able-bodied; valid
vallée *f.*   valley
valoir   to be worth
valser   to waltz, to dance
vanité *f.*   vanity, futility
vapeur *f.*   vapor
varice *f.*   varicose vein
varié(e)   varied
variété *f.*   variety, diversity
veille *f.*   the day before; vigil
veillée *f.*   watch, wake
veiller   to sit up with; to keep a vigil; **veiller sur**   to watch over
veine *f.*   vein
vendre   to sell
venger   to avenge, to vindicate; **se venger**   to take vengeance, to revenge oneself
venir   to come; **venir à bout**   to succeed; **venir de** (*with inf.*) to have just
vénitien(ne)   Venetian
vent *m.*   wind
ventre *m.*   abdomen, belly, stomach; **avoir du ventre**   to be pot-bellied
verbal(e)   verbal
verbe *m.*   verb
verdure *f.*   greenness, greenery
verger *m.*   orchard

véritable true, authentic

véritablement truly

vérité f. truth; **en vérité** truly, really

vermeil(le) vermilion, rosy

vermeil m. gilded silver

verni(e) varnished; **cuir verni** patent leather

vernis m. varnish, polish

verre m. glass

verrière f. glass roof, skylight

vers toward, about

vers m. verse, line of poetry; **vers** pl. poetry

verser to pour

versification f. versification

vert(e) green

vertu f. virtue

vestibule m. vestibule, hall

vêtement m. garment; **vêtements** pl. clothes, clothing

vêtu(e) clothed, clad

veuve f. widow

vexer to vex, to irritate, to annoy

viande f. meat

vice m. vice

victoire f. victory

vide m. void, emptiness, nothingness

vie f. life

vieillard m. old man; **vieillards** pl. the aged, elderly people

vieillir to grow old

vieux m. old man

vieux (vieille) old, aged

vif (vive) alive, lively, active

village m. village

villageois m. villager

ville f. city

vingt twenty

vingtaine f. about twenty

violence f. violence, force

violent(e) violent, severe

violet(te) violet, purple

vis f. screw

visage m. face

visiblement visibly, noticeably, obviously

visière f. visor

visite f. visit, call; **rendre visite à** to call on, to visit

visiter to visit, to inspect

visiteur m. caller, visitor

visqueux (visqueuse) viscous, sticky, gluey

visuel(le) visual

vite fast, quickly

vitesse f. speed

vitre f. windowpane, pane of glass

vivant m. lifetime; **de son vivant** during his or her lifetime

vivant(e) alive, living

vive see **vivre**

vivement sharply, quickly

vivre to live; **vive!** long live!

vocabulaire m. vocabulary

vogue f. vogue, fashion

voguer to sail, to drift

voici here is, here are

voie f. way, road, path

voilà there is, there are; for, during, ago (in expressions of duration of time)

voile f. sail; sailboat

voir to see, to perceive

voiture f. car, carriage

voix f. voice; **à haute voix** aloud, out loud

vol m. flight

volant(e) flying, fluttering
volcan *m.* volcano
voleur *m.* thief
volontiers willingly, gladly, with pleasure
volume *m.* volume
votre your, yours
vouloir to want; **vouloir dire** to mean
vous you
voyage *m.* trip, journey

voyager to travel
voyelle *f.* vowel
vrai(e) true
vraiment really, truly
vue *f.* view, sight

y there; **il y a** there is
yeux *m. pl.* eyes

zèbre *m.* zebra
zéphyr *m.* zephyr, gentle breeze

ABCDEFGHIJ 7069876